Peça e será
atendido

Esther & Jerry Hicks

Peça e será atendido

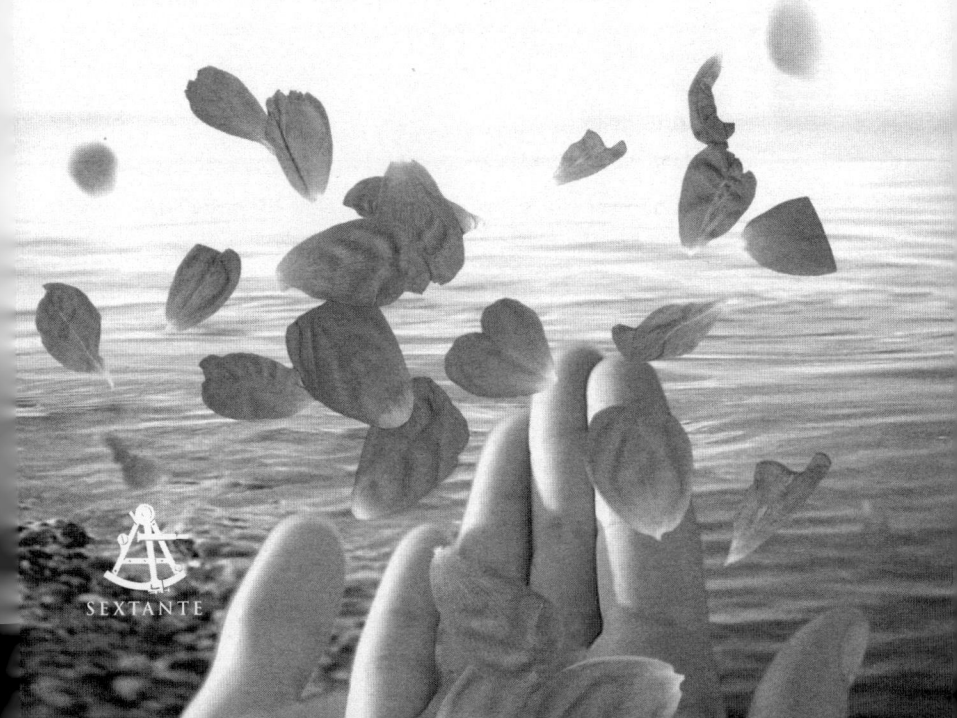

Título original: *Ask and It Is Given*
Copyright © 2004 por Esther e Jerry Hicks
Copyright da tradução © 2007 por GMT Editores Ltda.
Publicado originalmente pela Hay House, Inc., Califórnia, EUA.
Sintonize a programação da Rádio Hay House em:
www.hay-houseradio.com
Todos os direitos reservados.

tradução: Marilena Moraes, Regina da Veiga Pereira e Rosane Neves

preparo de originais: Regina da Veiga Pereira

revisão: Gypsi Canetti, José Tedin Pinto, Sérgio Bellinello Soares e Tereza da Rocha

projeto gráfico e diagramação: Valéria Teixeira

capa: Raul Fernandes

impressão e acabamento: Lis Gráfica e Editora Ltda.

CIP-BRASIL. CATALOGAÇÃO NA PUBLICAÇÃO
SINDICATO NACIONAL DOS EDITORES DE LIVROS, RJ

H536p   Hicks, Esther

Peça e será atendido/Esther Hicks, Jerry Hicks; tradução de Marilena Moraes, Regina da Veiga Pereira e Rosane Neves; Rio de Janeiro: Sextante, 2016.
224 p.; 14 x 21 cm

Tradução de: Ask and it is given
ISBN 978-85-431-0343-3

1. Psicologia. I. Hicks, Jerry. II. Moraes, Marilena. III. Pereira, Regina da Veiga. IV. Neves, Rosane. V. Título.

16-29739
CDD: 150
CDU: 159.9

Todos os direitos reservados, no Brasil, por
GMT Editores Ltda.
Rua Voluntários da Pátria, 45 – 14.º andar – Botafogo
22270-000 – Rio de Janeiro – RJ
Tel.: (21) 2538-4100
E-mail: atendimento@sextante.com.br
www.sextante.com.br

Dedicamos este livro àqueles que, na ânsia de obter esclarecimento e Bem-Estar, fizeram as perguntas que são aqui respondidas.

Dedicamos também a nossos netos Laurel, Kevin e Kate, três pessoas maravilhosas – exemplos do que este livro ensina – que não começaram a perguntar porque ainda não esqueceram.

Estes ensinamentos são dedicados sobretudo a Louise Hay, cujo desejo de perguntar e aprender – e disseminar pelo planeta os princípios do Bem-Estar – levou-a a nos pedir para escrever este livro contendo todos os ensinamentos de Abraham.

Sumário

Prefácio do Dr. Wayne W. Dyer ... 11

Apresentação de Jerry Hicks ... 14

Introdução a Abraham, por Esther Hicks ... 17

Parte 1 Coisas que sabemos, que você pode ter esquecido, mas que é importante lembrar ... 29

Capítulo 1 O poder de se sentir bem agora ... 31

Capítulo 2 Estamos mantendo nossa promessa: vamos lembrar-lhe quem você é ... 34

Capítulo 3 É você quem cria sua própria realidade ... 36

Capítulo 4 Como posso chegar até lá partindo de onde estou? ... 39

Capítulo 5 Entender a base do Universo faz com que tudo se encaixe ... 42

Capítulo 6 A Lei da Atração é a mais poderosa do Universo ... 44

Capítulo 7 Você é um transmissor e um receptor vibrátil ... 51

Capítulo 8 O valor escondido atrás de suas reações emocionais ... 55

Capítulo 9 As três etapas para o que você deseja ser, fazer ou ter ... 58

Capítulo 10 Com a prática, você se tornará um criador intencional e alegre ... 63

Capítulo 11	Você pode controlar seus valores de referência emocionais	67
Capítulo 12	Permita que seus sentimentos sejam o seu guia	71
Capítulo 13	Algumas coisas você já sabia antes de chegar aqui	76
Capítulo 14	Você é cocriador em um Universo magnificamente variado	81
Capítulo 15	Onde você está e onde gostaria de estar?	86
Capítulo 16	Você pode mudar sua frequência vibrátil gradualmente	89
Capítulo 17	Só você pode saber como se sente	91
Capítulo 18	Tentar impedir a liberdade de alguém pode custar a sua liberdade	95
Capítulo 19	Você está a apenas 17 segundos dos 68 segundos de realização	102
Capítulo 20	Os diferentes graus da sua *Escala de Orientação Emocional*	105

Parte 2 Processos para ajudá-lo a conseguir o que você deseja   113

Apresentando 22 processos que comprovadamente irão aprimorar seu ponto de atração   115

Processo nº 1	Escalada da Contemplação	122
Processo nº 2	Caixa de Criação Mágica	127
Processo nº 3	Exercício Criativo	130
Processo nº 4	Realidade Virtual	135
Processo nº 5	Jogo da Prosperidade	141
Processo nº 6	Meditação	144

Processo nº 7	Avaliação dos Sonhos	150
Processo nº 8	Livro dos Aspectos Positivos	154
Processo nº 9	Escrever um Roteiro	159
Processo nº 10	Toalha de Mesa	162
Processo nº 11	Planejamento dos Segmentos	166
Processo nº 12	Não Seria Bom se...?	172
Processo nº 13	Que Pensamento Faz Você se Sentir Melhor?	175
Processo nº 14	Arrumar a Desordem para Entender Melhor	181
Processo nº 15	Carteira	186
Processo nº 16	Colocar nos Eixos	189
Processo nº 17	Roda da Fortuna	195
Processo nº 18	Encontrar o Lugar dos Sentimentos	201
Processo nº 19	Baixar a Resistência para Livrar-se das Dívidas	204
Processo nº 20	Entregar ao Gerente	209
Processo nº 21	Recuperar Seu Estado Natural de Saúde	211
Processo nº 22	Subir na Escala Emocional	217

Queremos dizer-lhes uma última coisa   222

Prefácio

Dr. Wayne W. Dyer,
autor de *A força da intenção*

O livro que você tem nas mãos contém alguns dos mais formidáveis ensinamentos disponíveis hoje no planeta. Senti-me profundamente tocado e influenciado pelas mensagens que Abraham oferece neste livro, e extremamente honrado por ele ter me convidado para escrever este prefácio. Você tem sorte de entrar em contato com o pensamento daqueles que estão em permanente conexão com a Energia Essencial. Essas vozes do Espírito falam em uma linguagem que você será capaz de entender, podendo colocar seus ensinamentos imediatamente em prática, pois oferecem um projeto para compreender e implementar seu destino.

Leia o livro devagar, absorvendo as informações, voltando atrás, se quiser, ou indo direto para a segunda parte, onde os processos para conseguir o que você deseja estão descritos. Permita que a energia do texto penetre em seu ser e elimine qualquer resistência que seu corpo/sua mente possa oferecer. Deixe que ele repercuta nesse lugar interior sem forma e sem limites que costumamos chamar de *alma*, mas que Abraham chama de *conexão vibrátil com a sua Essência*.

Este é um universo de vibração. Como Einstein observou uma vez, "nada acontece até que algo se mova". Ou seja, tudo vibra em uma determinada frequência mensurável. Decomponha o mundo sólido em componentes minúsculos e você verá que o que parece sólido é uma dança – uma dança de partículas e espaços vazios. Vá até a menor dessas partículas e você descobrirá que ela emana de uma fonte que vibra numa rapidez que desafia o mundo de inícios e fins. Essa energia maior e mais rápida chama-se Energia Essencial. Todas as pessoas e coisas, inclusive você, surgiram dessa vibração e depois foram transportadas para o mundo de coisas, corpos, mentes e egos. Quando nos separamos dessa Energia Essencial, passamos a enfrentar um mundo de problemas, doenças, carências e medos.

Os ensinamentos de Abraham procuram basicamente ajudar--nos a retornar a essa Fonte da qual todas as coisas se originaram e à qual retornarão. Mencionei essa Energia Essencial em meu livro *A força da intenção*. Abraham, porém, lhe oferece esse conhecimento esclarecedor com a vantagem de estar totalmente conectado à Fonte e de nunca ter duvidado dessa conexão. Isso se evidencia em cada parágrafo do livro, e é por isso que o considero um marco no mercado editorial.

Você está em contato direto e consciente com um grupo de seres sérios e honestos que só visam ao seu bem-estar. Eles o farão lembrar-se de que é originário de uma Fonte de bem-estar e que pode atrair essa energia vibrátil para si, permitindo que ela flua livremente em cada aspecto de sua vida. Você pode também resistir a ela e assim permanecer desconectado dessa energia que é só amor e doação.

A mensagem, apesar de impressionante, é extremamente simples: *todos nós somos originários de uma Fonte de amor e bem-estar.* Quando nos unimos a essa energia de paz e amor, recuperamos o poder da nossa Fonte – o poder de manifestar nossos desejos, de conquistar o bem-estar, de atrair abundância para onde havia escassez e de ter acesso à orientação divina por meio das pessoas certas e das circunstâncias exatas.

Passei um dia inteiro com Abraham, jantei com Esther e Jerry, e ouvi centenas de registros. Por isso, posso lhe garantir: você está a ponto de embarcar em uma viagem que mudará sua vida, oferecida por duas das pessoas mais autênticas e espiritualmente puras que já conheci. "Quando mudamos a forma de ver as coisas, as coisas mudam." Você vai ver um mundo inteiramente novo se transformando diante de seus olhos – o mundo criado por uma Energia Essencial que deseja que você se conecte a ela e viva em harmonia.

Obrigado, Abraham, por permitir que eu dissesse algumas palavras neste livro tão precioso.

Amo todos vocês – TODOS VOCÊS.

WAYNE

Apresentação

Jerry Hicks

O sol começa a derramar seus raios pela costa de Malibu quando inicio esta breve apresentação. E o azul anil do oceano Pacífico parece refletir o profundo prazer que sinto ao pensar na importância do que você receberá com as revelações contidas neste livro.

Peça e será atendido vai mostrar *como* qualquer coisa que pedimos nos é concedida. Também é o primeiro livro a dar uma fórmula prática e simples para nos ensinar *como* pedir e *como* receber o que desejamos ser, fazer ou ter.

Décadas atrás, ao procurar respostas plausíveis para saber o que é "Deus", descobri o termo *inefável* (que significa "incapaz de ser expresso em palavras"). O conceito contido em *inefável* coincidiu com a conclusão a que eu havia chegado em relação a Deus. Eu tinha observado que quanto mais nos aproximamos do conhecimento do "Não Físico", menos palavras temos para expressá-lo claramente.

Em nossa história física, desenvolvemos bilhões de filosofias, religiões, opiniões e crenças. Apesar disso, mesmo com os bilhões e bilhões de pensadores refletindo, concluindo e transmitindo suas crenças para as gerações seguintes, não encontramos palavras físicas para expressar o Não Físico. Pelo menos, palavras com que todos estejam de acordo.

A história conservou alguma forma de documentação registrada sobre seres humanos que se comunicaram conscientemente com a Inteligência Não Física. Alguns foram reverenciados, outros, execrados. No entanto, a maioria dos que estabeleceram comunicação pessoal consciente com o Não Físico decidiu não falar sobre suas revelações, talvez com medo de ser criticada ou considerada louca.

Moisés, Jesus, Maomé, Joana d'Arc – para citar apenas alguns mais conhecidos – foram receptores declarados da Inteligência Não Física. Assim, embora cada um de nós esteja recebendo diretamente alguma forma de orientação do Não Físico, são poucos os que recebem blocos de pensamentos suficientemente claros para serem traduzidos em palavras concretas. Desses, um número ainda menor está disposto a revelar sua experiência aos outros.

Essas informações pretendem servir de introdução ao que você está prestes a ler, pois minha esposa, Esther, é uma dessas raras pessoas capazes de relaxar a mente consciente o bastante para permitir a recepção de respostas do Não Físico às perguntas feitas. De alguma forma, ela recebe blocos de pensamentos (e não palavras) e traduz imediatamente o pensamento do Não Físico na palavra equivalente que mais se aproxima da ideia.

Desde 1986, Esther e eu temos visitado anualmente cerca de cinquenta cidades, ministrando seminários. Os participantes podem discutir ou fazer perguntas sobre qualquer assunto. As pessoas têm vindo aos milhares: de diferentes grupos étnicos, com diferentes estilos de vida, diferentes formações filosóficas – todas querendo melhorar a vida de alguma forma, seja para si mesmas ou para ajudar outras pessoas. As perguntas desses milhares de participantes foram respondidas pela Inteligência Não Física por intermédio de minha mulher, Esther Hicks.

Assim, para responder aos questionamentos daqueles que, como você, querem saber mais, decidi escrever este livro. É um livro de conselhos práticos no sentido mais amplo do termo, isto é, como ser, fazer ou ter algo que você deseja. Ele também ensina como *não* ser, fazer ou ter algo que lhe desagrada.

Talvez você ache o texto um pouco repetitivo. É proposital, pois nossos conceitos e categorias mentais – nossas crenças – acham-se tão estruturados que é preciso voltar várias vezes às novas formas de compreensão da realidade para que sejam absorvidas.

Se tiver curiosidade ou desejar saber logo quais são os processos práticos para obter o que deseja, não hesite em ir para a segunda parte, onde eles estão descritos. Pode mesmo começar a aplicá-los imediatamente. Mas volte depois para a primeira parte, ou intercale uma com a outra, pois é na primeira que se encontram os princípios que fundamentam os processos.

Mas tenha certeza: você está prestes a transformar sua vida!

JERRY

Introdução a Abraham

Esther Hicks

"Ela fala com espíritos!", diziam nossos amigos, insistindo para que fôssemos nos reunir com uma determinada mulher. "Ela estará aqui na próxima semana. Você poderá marcar um encontro e perguntar o que quiser!"
Essa é a última coisa sobre a face da Terra que eu gostaria de fazer, pensei. Mas, ao mesmo tempo, ouvi Jerry, meu marido, dizendo: "Nós realmente gostaríamos de marcar um encontro. Como faremos isso?"

∽

Era 1984, e durante os quatro anos do nosso casamento nunca tivéramos uma discussão, nem mesmo trocado palavras ásperas. Éramos duas pessoas alegres, vivendo felizes e concordando em praticamente todos os assuntos. Eu só me incomodava quando Jerry começava a contar uma experiência ocorrida 20 anos antes, em que ele recebera mensagens mediúnicas através de uma tábua. Se estivéssemos em um restaurante ou em qualquer outro lugar público, quando percebia que ele ia começar a contar essa história, eu pedia desculpas educadamente (às vezes nem tanto) e me retirava para o banheiro feminino, sentava no bar ou dava um jeito qualquer de me afastar até Jerry terminar. Felizmente, com o tempo, ele parou de contar essa história quando eu estava por perto.

∽

"O nome dela é Sheila", falou nosso amigo. "Vou marcar o encontro e aviso vocês."

Jerry passou os dias seguintes colocando suas perguntas no papel. Disse que algumas vinham de sua infância. Eu não preparei uma lista. Estava fazendo um esforço enorme para aceitar a ideia de ir.

Quando paramos em frente a uma linda casa no centro de Phoenix, no Arizona, lembro-me de ter pensado: *Onde estou me metendo?* Fomos recepcionados por uma senhora muito simpática, que nos encaminhou até à sala de estar, e ficamos à espera da pessoa com quem tínhamos marcado o encontro.

A casa era grande, mobiliada de modo simples mas agradável, e muito tranquila. Lembro que me senti como se estivesse em uma igreja, com a mesma sensação de reverência.

Então uma porta grande se abriu e entraram duas mulheres bonitas, vestindo blusa e saia de algodão coloridas. Ambas pareciam felizes e cheias de vitalidade. Relaxei um pouco. Afinal de contas, talvez isso acabasse não sendo tão estranho.

Fomos levados para um quarto adorável, onde três cadeiras estavam dispostas junto aos pés de uma cama. Sheila sentou-se na ponta da cama, enquanto sua assistente se posicionava em uma das cadeiras, ao lado de uma mesa com um pequeno gravador. Jerry e eu nos sentamos nas cadeiras restantes, e eu me preparei para o que vinha pela frente.

A assistente explicou que Sheila iria relaxar e liberar sua consciência. Em seguida, Theo, uma entidade Não Física, se dirigiria a nós. Quando isso acontecesse, poderíamos conversar sobre o que quiséssemos.

Sheila deitou-se na cama, a apenas alguns centímetros de onde estávamos, e respirou profundamente. Logo depois, uma voz com um timbre incomum falou abruptamente: "Este é o começo, não é? Vocês têm perguntas?"

Jerry inclinou-se, ansioso para fazer sua primeira pergunta. À medida que ouvia as palavras de Theo saírem lentamente da boca de Sheila, eu fui relaxando. Embora soubesse que a voz pertencia a Sheila, de alguma forma eu também sabia que a fonte das respostas maravilhosas que escutava era algo muito diferente.

Jerry disse que tinha guardado essas perguntas desde seus 5 anos de idade e as formulou o mais rápido que conseguiu. Nossos 30 minutos passaram muito depressa. Eu não disse uma só palavra, mas meu medo sumiu e fui invadida por um sentimento de bem-estar maior do que qualquer outro que já experimentara antes.

No caminho para casa, pedi a Jerry: "Quero voltar amanhã. Há algumas coisas que agora *eu* gostaria de perguntar." Meu marido ficou entusiasmado com a perspectiva de marcar outro encontro, porque não tinha conseguido fazer todas as perguntas da sua lista.

No meio da nossa entrevista no dia seguinte, Jerry relutantemente me concedeu alguns minutos e eu perguntei a Theo:

– Qual é a maneira mais eficaz de alcançarmos nossos objetivos?

– Meditação e afirmações – ele respondeu.

A ideia de meditação não me atraiu nem um pouco, e minha ideia a respeito era muito preconceituosa. Então, perguntei:

– O que você quer dizer com *meditação*?

A resposta foi curta, e o que ouvi me agradou:

– Sente-se em um lugar tranquilo. Vista roupas confortáveis e concentre-se na sua respiração. Quando sua mente dispersar, e isso vai acontecer, libere o pensamento que a ocupou e volte a concentrar-se apenas na respiração. Seria bom vocês dois tentarem fazer isso juntos. Será mais eficaz.

– Você poderia nos dar uma afirmação para fazermos juntos? – pedimos.

– *Eu (diga seu nome) vejo e atraio para mim, através do amor divino, esses Seres que buscam o esclarecimento. Ao compartilhar, seremos ambos elevados.*

À medida que as palavras fluíam de Sheila/Theo, eu as sentia penetrar no âmago do meu ser. Um sentimento de amor espalhou-se em mim, diferente de tudo o que eu já experimentara.

Meu medo desapareceu. Jerry e eu nos sentíamos maravilhosamente bem.

– Devemos trazer minha filha, Tracy, para encontrar você? – perguntei.

– Se ela pedir. Mas não é necessário, porque vocês também, Jerry e Esther, são canais.

Essa declaração não fez qualquer sentido para mim. Não podia acreditar que chegara aos 30 e poucos anos sem saber que era um canal, se é que isso era verdade.

O gravador desligou, e tanto eu quanto Jerry sentimos um leve desapontamento por nossa extraordinária experiência ter acabado. A assistente de Sheila perguntou se havia uma última pergunta.

– Vocês gostariam de saber o nome do seu guia espiritual?

Não me ocorreria indagar isso, porque eu nunca tinha ouvido o termo *guia espiritual*, mas me pareceu uma boa pergunta. Eu gostava da ideia de anjos da guarda. Por isso, respondi:

– Sim, por favor, poderia me dizer o nome do meu guia espiritual?

– Isso lhe será informado diretamente. Você é clariaudiente e saberá – Theo falou.

Antes que eu pudesse perguntar o que significava *clariaudiente*, Theo disse, encerrando o encontro:

– O amor de Deus esteja com vocês! – Sheila abriu os olhos e sentou-se. Nossa extraordinária conversa com Theo tinha terminado.

Depois que deixamos a casa, Jerry e eu fomos até um mirante em uma das montanhas de Phoenix e ficamos encostados no carro, assistindo ao pôr do sol. Ainda não tínhamos ideia da transformação que havia ocorrido conosco naquele dia. Só sabíamos que estávamos nos sentindo maravilhosamente bem.

Ao regressar para casa, eu tinha dois objetivos novos: meditar e descobrir o nome do meu guia espiritual.

Por isso, vestimos roupões confortáveis, fechamos as cortinas da sala e sentamos cada um em uma poltrona, com uma mesinha entre nós. Theo nos dissera para meditar juntos, mas isso parecia estranho. De alguma forma, a mesinha ajudava a disfarçar a sensação de estranheza.

Lembrei-me das instruções de Theo: *Sente-se em um lugar tranquilo. Vista roupas confortáveis e concentre-se na sua respiração.* Programamos o relógio para 15 minutos, fechei os olhos e comecei a respirar conscientemente. Em minha mente, eu perguntava: *Quem é meu guia espiritual?* e prestava atenção na respiração, inspirando e expirando. Imediatamente, meu corpo inteiro ficou entorpecido. Eu não conseguia distinguir o nariz dos dedos do pé. Era uma sensação estranha, mas reconfortante, e eu gostei. Senti como se meu corpo estivesse girando lentamente, mesmo sabendo que estava sentada em uma poltrona. O relógio tocou e nos despertou. Eu disse: "Vamos tentar de novo."

Uma vez mais, fechei os olhos, contei as inspirações e expirações, e me senti dormente da cabeça aos pés. Novamente o relógio tocou e nos despertou. "Vamos tentar outra vez", repeti.

Programamos o relógio para mais 15 minutos, e voltei a sentir o entorpecimento tomar conta do meu corpo inteiro. Mas, dessa vez, algo ou alguém começou a "respirar meu corpo". Senti um amor arrebatador saindo lá do fundo do meu ser. Que sensação maravilhosa! Jerry ouviu meus murmúrios de prazer e mais tarde disse que eu parecia estar entrando em êxtase.

Quando o despertador tocou, e saí da meditação, meus dentes rangiam como nunca. *Zumbiam* seria a melhor palavra para descrever o que acontecia. Durante quase uma hora meus dentes zumbiram, enquanto eu tentava voltar ao meu estado normal de consciência.

Naquele momento, não percebi o que tinha acontecido, mas agora sei que foi o meu primeiro contato com Abraham. Embora não soubesse *do que se tratava*, sabia que, o que quer que fosse, *era bom!* E queria que acontecesse novamente.

Então, Jerry e eu decidimos meditar todos os dias por 15 minutos. Acho que não falhamos um só dia nos nove meses seguintes.

Eu sempre sentia o entorpecimento, uma sensação de desprendimento, mas nada de mais extraordinário aconteceu durante as nossas meditações.

Entretanto, um pouco antes do Dia de Ação de Graças de 1985, enquanto meditávamos, minha cabeça começou a mover-se suavemente de um lado para outro. Nos dias seguintes, o mesmo movimento voltou a acontecer durante a meditação. Era uma sensação agradável, como se eu estivesse voando. Então, no terceiro dia desse novo movimento, durante a meditação, eu me dei conta de que minha cabeça não estava se movendo aleatoriamente. Era como se meu nariz estivesse escrevendo letras no ar. "M-N-O-P", foi o que percebi.

"Jerry, estou escrevendo letras com o nariz!", gritei. Ao pronunciar essas palavras, os sentimentos arrebatadores retornaram. Fiquei arrepiada da cabeça aos pés quando essa Energia Não Física passou como uma onda pelo meu corpo.

Jerry rapidamente pegou seu bloco de anotações e começou a anotar as letras, à medida que o meu nariz as escrevia no ar: "EU SOU ABRAHAM. SOU SEU GUIA ESPIRITUAL."

Desde então, Abraham nos explicou que existem muitos guias reunidos lá com "eles". Eles se referem a si próprios no plural, porque são uma Consciência Coletiva. Explicaram que as palavras "Eu sou Abraham" foram faladas através de mim dessa forma porque minha expectativa de saber o nome de meu guia espiritual era enorme, mas que há *muitos* lá com eles, falando em uma só voz, em um consenso de pensamentos.

Para citar Abraham: *Abraham não é uma consciência singular como vocês sentem que são em seus corpos. Abraham é uma Consciência Coletiva. Existe um Fluxo Não Físico de Consciência. Quando um de vocês faz uma pergunta, há muitos, muitos pontos de consciência que estão sendo canalizados pelo que parece ser a única perspectiva (porque, nesse caso, há um ser humano, Esther, que a está interpretando ou articulando). Por isso, parece singular para vocês. Mas somos multidimensionais, multifacetados e, certamente, multiconscientes.*

Abraham tem me explicado que eles não sussurram em meus ouvidos palavras que depois repito para as outras pessoas, mas que oferecem blocos de pensamentos, como sinais de rádio, que recebo em um nível inconsciente. Em seguida, traduzo esses blocos de pensamentos para a palavra física equivalente. "Ouço" as palavras à medida que são faladas através de mim, mas, durante o processo de tradução, não tenho consciência do que está chegando nem tempo para lembrar o que já chegou.

Abraham explicou que eles vinham me oferecendo esses blocos de pensamentos há algum tempo. Mas, como eu estava tentando seguir rigorosamente as instruções de Theo – "Quando sua mente dispersar, e isso vai acontecer, libere o pensamento e concentre-se apenas na respiração" –, quando um desses pensamentos começava, eu o liberava o mais rápido possível para voltar a me concentrar na respiração. Acho que a única forma pela qual eles conseguiram se fazer entender foi desenhando letras no ar com meu nariz. Abraham diz que aquela sensação maravilhosa que passou como uma onda pelo meu corpo quando eu percebi que estava formando palavras era a alegria que eles sentiram quando eu reconheci nossa conexão consciente.

Nosso processo de comunicação se desenvolveu rapidamente durante as semanas seguintes. O processo de desenhar palavras no ar com o nariz era muito lento, mas Jerry estava tão entusiasmado com essa fonte de informações clara e viável que frequentemente me acordava no meio da noite para fazer perguntas a Abraham.

Então, uma noite, quando estávamos na cama assistindo à televisão, uma sensação muito forte começou a mover meus braços e meus dedos, e minha mão começou a tamborilar no peito de Jerry. Como minha mão continuava a tamborilar, senti um impulso muito forte de ir até a máquina de escrever. Ao colocar os dedos sobre o teclado, eles começaram a se mover rapidamente pelas teclas, como se alguém estivesse tentando localizar cada letra. Então meus dedos começaram a digitar: cada letra, cada número, repetidamente. E as palavras começaram a tomar forma no papel: *Eu sou Abraham. Sou seu guia espiritual. Estou aqui para trabalhar com você. Eu amo você. Vamos escrever um livro juntos.*

Descobrimos que eu podia colocar as mãos no teclado e relaxar, da mesma forma como fazia durante a meditação, e que assim Abraham (a quem, de agora em diante, passaremos a nos referir como "eles") podia responder qualquer pergunta que Jerry quisesse fazer. Foi uma experiência impressionante. *Eles* eram tão inteligentes, tão adoráveis e sempre tão disponíveis! Estavam lá a todas as horas do dia ou da noite para conversar conosco sobre qualquer assunto que quiséssemos abordar.

Uma tarde, quando passávamos por uma autoestrada de Phoenix, fui invadida por uma sensação na boca, no queixo e no pescoço, como se estivesse com vontade de bocejar. Foi um impulso tão forte que não consegui reprimir. Estávamos fazendo uma curva entre dois caminhões e parecia que ambos estavam invadindo a linha entre as faixas ao mesmo tempo. Lembro que cheguei a pensar que eles iam bater em nosso carro. Nesse exato momento, as primeiras palavras que Abraham falou pela minha boca irromperam: "Pegue a próxima saída!"

Saímos da autoestrada, paramos embaixo de um viaduto, e Jerry e Abraham conversaram durante horas. Meus olhos estavam totalmente fechados, e, à medida que Abraham respondia à torrente de perguntas de Jerry, minha cabeça se movia para cima e para baixo de forma rítmica.

∾

Como essa coisa maravilhosa aconteceu comigo? Às vezes, quando penso nisso, mal posso acreditar. Parece história de contos de fadas, como fazer um pedido ao esfregar a lâmpada mágica. Outras vezes, parece a experiência mais natural e lógica do mundo.

Raramente mal consigo me lembrar de como era a nossa vida antes de Abraham. Com poucas exceções, tenho sido feliz. Tive uma infância maravilhosa, sem maiores traumas, vivendo com duas irmãs e pais gentis e amorosos. Como mencionei antes, Jerry e eu compartilhávamos um casamento harmonioso havia quatro anos, e eu me sentia feliz como nunca. Não me descreveria como uma pessoa com a mente repleta de perguntas não respondidas. Na verdade, eu não tinha muitas perguntas a fazer e nenhuma opinião formada sobre qualquer assunto.

Jerry, por sua vez, estava cheio de questões empolgantes. Era um leitor voraz, sempre procurando ferramentas e técnicas que pudesse passar adiante para ajudar os outros a viver com mais alegria. Nunca conheci alguém que quisesse mais ajudar as pessoas a serem bem-sucedidas na vida.

Abraham explicou que a razão pela qual Jerry e eu somos a combinação perfeita para fazer esse trabalho é que a ânsia de saber de Jerry convoca Abraham, enquanto a ausência de opiniões ou de temor faz de mim uma boa receptora para as informações que Jerry solicita.

Jerry entendeu a profundidade da sabedoria de Abraham e a pureza de seu oferecimento logo nos primeiros contatos, e o entusiasmo que sentiu persiste até hoje. Ninguém gosta mais das mensagens de Abraham do que Jerry.

No começo de nossas interações com Abraham, não entendíamos direito o que estava acontecendo e não tínhamos um meio preciso de saber com quem Jerry estava conversando. Ainda assim, era emocionante, incrível, sublime e misterioso. Parecia uma coisa tão estranha que eu tinha certeza de que a maioria das pessoas não entenderia. Provavelmente nem iria *querer* entender. Por isso, fiz Jerry prometer que não contaria a ninguém nosso segredo surpreendente.

É óbvio que Jerry não manteve a promessa, mas não lamento por isso. Nós dois adoramos estar em uma sala cheia de gente querendo fazer perguntas a Abraham. O que geralmente ouvimos das pessoas que encontram Abraham através de nossos livros, vídeos, fitas cassete, seminários ou pelo site é: "Obrigado por me ajudar a lembrar o que de alguma forma eu sempre soube" e "Isso me ajudou a juntar as peças do quebra-cabeça que fui reunindo durante a vida. Agora tudo faz sentido!".

Eles – Abraham – não parecem interessados em prever nosso futuro, como faria uma cartomante, embora eu acredite que saibam o que nos aguarda. Em vez disso, são professores que nos guiam de onde estamos para onde queremos estar. Eles nos explicaram que o trabalho não consiste em decidir o que devemos fazer, mas em ajudar-nos a obter o que desejamos. Nas palavras de Abraham: *Abraham não pretende guiar uma pessoa para perto ou para longe de nada. Queremos que vocês tomem suas decisões sobre seus desejos. Nosso único desejo é que vocês descubram a forma de* **realizar** *seus desejos.*

O comentário que mais me agradou sobre Abraham veio de um adolescente que tinha acabado de ouvir uma gravação na qual Abraham abordava algumas questões levantadas por outros adolescentes. O garoto disse: "No início, eu não acreditei que Abraham estava falando através da Esther. Mas quando escutei a fita e ouvi as respostas às perguntas que fizemos soube que Abraham era real, porque não havia qualquer julgamento. Não acredito que alguém pudesse ser tão sábio e justo."

Para mim, essa caminhada com Abraham tem sido tão maravilhosa que não encontro palavras para exprimir minha alegria. Adoro a sensação de Bem-Estar que alcancei com o que aprendi com eles. Adoro o modo como sua orientação gentil me dá a sensação de ser capaz. Adoro ver a vida de tantos amigos queridos (e novos amigos) melhorar com a aplicação dos ensinamentos de Abraham. Adoro ter esses Seres brilhantes e amorosos aparecendo subitamente em minha mente quando os chamo, sempre prontos e disponíveis para auxiliar em nossa busca de entendimento.

No princípio do nosso trabalho, os participantes de nossos seminários e palestras queriam que explicássemos nosso relacionamento com Abraham. "Como aconteceu o encontro de vocês com Abraham? Como vocês mantêm relacionamento com eles? Por que eles escolheram vocês? Como é ser porta-voz de uma sabedoria tão profunda?" Por isso, Jerry e eu reservamos alguns minutos no início de cada palestra ou entrevista na TV ou no rádio para tentar satisfazer ao máximo a curiosidade do público.

Depois de algum tempo, resolvemos gravar e distribuir a fita *Introdução a Abraham*, que as pessoas podiam ouvir durante seu tempo de lazer, explicando detalhes de como nossa experiência com eles começou e evoluiu. Hoje em dia, essa *Introdução* de 74 minutos pode ser baixada gratuitamente do nosso site interativo (www.abraham-hicks.com). Ela explica quem somos e o que fazíamos antes de encontrar Abraham. Ambos adoramos conseguir transmitir a mensagem de Abraham às pessoas de uma forma que elas possam entender e utilizar.

Esta manhã, Abraham me disse: "Esther, sabemos das perguntas que estão sendo emitidas pela consciência coletiva do seu planeta e, através de você, iremos oferecer com alegria as respostas. Relaxe e usufrua o delicioso desdobramento deste livro."

Por isso, vou relaxar e deixar que Abraham comece a escrever imediatamente este livro para vocês. Imagino que eles lhes explicarão quem são, mas sobretudo tenho certeza de que irão ajudá-los a entender quem vocês são. Desejo que o seu encontro com Abraham seja tão significativo como continua a ser para nós.

Com amor, Esther.

Parte I

Coisas que sabemos, que você pode ter esquecido, mas que é importante lembrar

Capítulo 1

O poder de se sentir bem agora

Nós nos chamamos Abraham e estamos falando com você a partir de uma dimensão Não Física. Você também é proveniente da dimensão Não Física, e por isso não somos tão diferentes um do outro. Seu mundo físico surgiu da projeção do Não Físico. Na verdade, você e seu mundo físico são extensões da Energia Essencial Não Física.

No território Não Físico não usamos palavras, porque não necessitamos da linguagem falada. Também não temos língua para falar nem ouvidos para ouvir, embora nos comuniquemos perfeitamente uns com os outros. Nossa linguagem Não Física é a da vibração. Em outras palavras, nós irradiamos aquilo que somos através da vibração, e as pessoas que estão na mesma sintonia traduzem o que transmitimos. Isso também acontece no seu mundo físico, embora a maioria de vocês tenha esquecido que é assim.

Abraham é uma família de Seres Não Físicos que se reúnem movidos pela poderosa intenção de lembrar a vocês – que são nossas extensões físicas – as Leis do Universo que governam todas as coisas. Desejamos ajudá-los a lembrar que vocês são extensões da Fonte de Energia, que são Seres amados e abençoados, e que vieram para essa realidade física espaço-tempo para criar com alegria.

Todos os que estão concentrados fisicamente têm equivalentes Não Físicos. Sem exceções. Mas a maioria dos Seres físicos se tornou tão aturdida pela natureza física de seu planeta que desenvolveu padrões de resistência fortes que impedem a conexão clara com sua própria Fonte. O que queremos com este livro é ajudar quem está pedindo para se lembrar dessa conexão.

Embora todos os seres humanos tenham acesso à comunicação clara com o Não Físico, a maioria não possui consciência disso. E frequentemente, mesmo quando sabem que a conexão é possível, mantêm hábitos de pensamento que funcionam como um escudo de resistência, impedindo-os de interagir conscientemente.

Mas, de vez em quando, um canal claro de comunicação se abre, e somos capazes de transmitir nosso conhecimento por meio de vibrações a alguém que consegue recebê-las e traduzi-las claramente. É o que acontece com Esther. Oferecemos nosso saber por meio de vibrações, de uma forma semelhante às ondas de rádio. Esther recebe essas vibrações e as traduz na palavra física equivalente.

Podemos afirmar-lhes que não existem palavras físicas capazes de transmitir nossa alegria por poder oferecer-lhes nossa experiência e conhecimento, como o fazemos aqui.

Entendemos quanto essas palavras devem soar estranhas neste momento em que você começa a ler o livro. Mas prometemos que, quando entender o poder que significa sentir-se bem, aconteça o que acontecer, você possuirá a chave para atingir qualquer estado de ser, de saúde, de riqueza, ou de tudo o que deseja.

Você só ouve o que está pronto para ouvir

Estamos conversando com você em muitos níveis da sua consciência, mas você só receberá o que estiver pronto para receber. Cada pessoa irá obter algo diferente deste livro, mas cada leitura a levará mais além. Este livro deve ser lido muitas vezes; ele ajudará Seres físicos a entenderem seu relacionamento com DEUS e com TUDO O QUE ELES REALMENTE SÃO; ajudará você a entender quem realmente é, quem tem sido, aonde está indo e tudo o que continua a ser.

É um livro que o ajudará a saber que está sempre mudando, sempre evoluindo, a entender seu relacionamento com a sua própria história e o seu futuro, mas, sobretudo, despertará sua consciência para a força do seu *agora*. Ele lhe ensinará de que forma você cria sua própria experiência e por que todo o seu poder está no *agora*. Aqui você encontrará uma série de processos que o ajudarão a obter tudo o que quiser. À medida que aplicá-los e sua memória despertar para as poderosas Leis do Universo, *seu entusiasmo pela vida retornará naturalmente.*

Capítulo 2

Estamos mantendo nossa promessa: vamos lembrá-lo de quem você é

Você sabe o que quer? Sabe que é você quem cria sua própria experiência? Está satisfeito com a evolução de seus desejos? Sente o frescor de um novo desejo pulsando dentro de você?

Se você está entre os raros seres humanos que responderam "Sim, estou satisfeito com a evolução de meus desejos. Sinto-me formidável quando me dou conta de que ainda falta conquistar muitas coisas que desejo", então você entende quem é e em que consiste realmente a experiência na vida física.

Mas se você, como a maioria dos seres humanos, está infeliz por não conseguir realizar seus desejos; se quer ter mais dinheiro, mas está sempre precisando conter as despesas; se não gosta do seu trabalho, sente que não progride, mas não vislumbra uma forma de melhorar a situação; se seus relacionamentos não são satisfatórios, ou se a relação ideal que você deseja há tanto tempo continua fora de seu alcance; se o seu corpo não está ou parece não estar como você gostaria... então existem algumas coisas muito importantes e claras que gostaríamos de lhe transmitir.

Escrevemos este livro para despertar sua memória, para lembrá-lo do poder e do sucesso inevitáveis que pulsam no fundo do que você *realmente* é. Escrevemos este livro para levá-lo a um lugar de otimismo, de expectativas positivas e de alegria crescente, e para fazê-lo ver que não há nada que você não possa ser, fazer ou ter.

Você sabia, e nós sabemos quem você é!

Quando entrou no mundo neste corpo magnífico que é o seu, você se lembrava da sua natureza alegre e poderosa, sabia do esplendor da Fonte da qual provém e de que nunca perderia sua conexão com essa Fonte. Aos poucos foi envolvido pelo tumulto e dispersão da vida e se esqueceu de tudo isso.

É por isso que estamos aqui agora, ajudando-o a lembrar que, não importa como se sinta neste momento, você nunca perderá sua conexão com essa Fonte.

Estamos aqui para fazê-lo lembrar-se do poder da sua natureza e ajudá-lo a voltar a ser a pessoa confiante, alegre e capaz de perseguir o seu desejo e a sua realização.

Como sabemos quem você é, vamos ajudá-lo a lembrar-se disso. Como somos de onde você veio, vamos ajudá-lo a lembrar-se da sua origem. Como sabemos o que você deseja, vamos facilmente orientá-lo para alcançar seus objetivos.

Não há nada que você não possa ser, fazer ou ter

Queremos que se lembre de que não há nada que você não possa ser, fazer ou ter. E vamos ajudá-lo a conseguir isso. Não se importe se neste momento você não está satisfeito com o lugar em que se encontra. Podemos lhe garantir que a caminhada de onde você está até onde deseja ir será muito alegre.

Queremos ajudá-lo a abandonar qualquer ideia, adquirida ao longo de seu caminho físico, que esteja impedindo sua alegria e o exercício do seu poder. Queremos ajudá-lo a reativar o conhecimento formidável que pulsa lá no fundo daquele ser que você é realmente.

Por isso, relaxe e aproveite essa caminhada rumo à redescoberta de quem você realmente é. Desejamos que, ao chegar ao final deste livro, você se conheça como nós o conhecemos, que você se ame como nós o amamos e que usufrua sua vida como nós a usufruímos.

Capítulo 3

É você quem cria sua própria realidade

Pouco tempo atrás, nossos amigos Jerry e Esther foram apresentados a esta frase: "É você quem cria sua própria realidade." Ficaram empolgados e, ao mesmo tempo, preocupados, pois, como muitos de nossos amigos no estado físico, apesar de desejarem controlar a criação da sua própria experiência, algumas questões básicas os afligiam: "Podemos *realmente* escolher a realidade que criamos? E se isso *for* possível, *como* colocar em prática?"

A base para a sua vida é a liberdade total

Você nasceu com o conhecimento inato de que é você quem cria sua própria realidade. Você nasceu sabendo que é o criador de sua própria realidade, e o desejo de fazer isso pulsava intensamente dentro de você. Mas quando começou a se integrar na sociedade passou a aceitar uma boa parte do que as outras pessoas diziam sobre o caminho que a sua vida deveria trilhar. Pode ter certeza, porém: dentro de você continua intacto o conhecimento de que você é o criador de sua própria experiência de vida. Repito: a criação de sua experiência de vida depende certamente só de você.

Você jamais gostou que alguém lhe dissesse o que fazer. Jamais gostou de ser dissuadido de seus impulsos. Mas, ao longo do tempo, pressionado pelas pessoas ao seu redor, convencidas de que a maneira delas era melhor do que a sua, aos poucos você foi abandonando a determinação de guiar a própria vida. Passou a achar mais fácil se adaptar ao que os outros consideravam bom para você do que tentar descobrir por si mesmo. Com isso, você foi abdicando inconscientemente de um fundamento básico: sua total e absoluta liberdade de criar.

Mas, apesar de ter se adaptado ao desejo dos outros, você continua tendo essa liberdade. De fato, é impossível renunciar verdadeiramente a ela, pois a liberdade é o princípio básico do seu ser.

No entanto, ao tentar adaptar-se às exigências e expectativas externas, para não criar problemas, você tomou atalhos contrários à sua verdadeira essência.

Só você pode criar sua experiência

Este livro vai falar o tempo todo do seu realinhamento com a Energia Essencial, para que você assuma a sabedoria, a bondade e o poder que são essencialmente seus, são o que você realmente é.

Foi escrito para que você tome consciência de que *é* livre, sempre *foi* livre e sempre *será* livre para fazer suas próprias escolhas. Não há prazer algum em deixar os outros criarem a sua realidade. Na verdade, não é *possível* alguém criar a realidade de outra pessoa.

Depois de realinhar-se com as forças eternas, com as Leis Universais e com o que é verdadeiramente a Fonte do que você é, imensas e profundas alegrias o aguardam, pois não há satisfação maior do que ser criador da própria experiência e tomar nas mãos as rédeas da própria vida.

Vocês são Seres eternos em forma física

Vocês são Seres eternos que escolheram participar desta experiência na vida física por muitas razões.

Às vezes, você permite que a verdadeira natureza do seu Ser flua totalmente através de você e nesses momentos a alegria é inexprimível; outras vezes, não. Este livro foi escrito para ajudá-lo a entender que você é sempre capaz de permitir que a sua natureza verdadeira emane através de você. Quando aprender a permitir *conscientemente* sua conexão total com o Eu que está em sua Fonte, sua experiência será de total prazer. Ao escolher *conscientemente* a direção de seus pensamentos, você pode estar em conexão constante com a Energia Essencial, com Deus, com a alegria e com tudo o que considera bom.

O Bem-Estar absoluto é a base do Universo

Bem-Estar é a base desse Universo. Ele flui para você e através de você. Basta permitir. Assim como o ar que você respira, basta se abrir, relaxar e atraí-lo para o seu Ser.

Este livro lhe ensina como permitir **conscientemente** sua conexão natural com o Fluxo de Bem-Estar.

Você consegue perceber quanto o Bem-Estar está fluindo para você? Compreende quanta orquestração de circunstâncias e eventos foi disponibilizada a seu favor?

Percebe quanto é querido, quanto é abençoado, e que é parte integrante do grande processo criador? Queremos que você se dê conta disso. Queremos que comece a compreender a natureza abençoada do seu Ser e a procurar as evidências dessa realidade que estamos mostrando em todos os momentos em que você se permite vê-las. Fazemos isso colocando à sua disposição amores, dinheiro, experiências gratificantes e coisas lindas para serem usufruídas; criamos circunstâncias, eventos e proporcionamos experiências surpreendentes para que as pessoas possam se encontrar sem uma razão específica, apenas pelo motivo fantasticamente importante de darem um pouco de alegria umas às outras quando estão juntas.

Você não pode evitar o seu progresso; ele vai acontecer. Mas você não está em busca de progresso, e sim de experimentar uma alegria sem limites. Esse é o verdadeiro motivo pelo qual está aqui.

Capítulo 4

Como posso chegar até lá partindo de onde estou?

Talvez a pergunta que escutamos com mais frequência de nossos amigos no estado físico seja: *Por que está demorando tanto para conseguir o que desejo?*

Não é porque você não deseja o bastante.
Não é porque você não é inteligente o bastante.
Não é porque você não merece.
Não é porque o destino está contra você.
Não é porque outra pessoa já conquistou o seu prêmio.

Você ainda não conseguiu o que deseja porque está fixado em um padrão vibrátil que não corresponde à vibração do seu desejo. Essa é a única razão! Parece complicado? Paciência, você vai entender.

Pare um instante e examine qual é a emoção dominante em você agora. É tensão, raiva, frustração? Essas emoções indicam que seus pensamentos estão oferecendo resistência à Energia Universal que responde aos seus desejos. Portanto, a única coisa que você precisa começar a fazer é, lenta e gradualmente, renunciar a esses pensamentos, substituindo-os por outros de amor, alegria e esperança. À medida que for conseguindo, irá experimentar um imenso alívio e saberá que está se abrindo para permitir a realização dos seus desejos.

Mas esse é apenas um começo de conversa. Temos muito mais a explicar-lhe. Siga em frente.

O Bem-Estar está esperando do lado de fora da sua porta

Vamos partir de uma premissa básica: o Bem-Estar flui; o Bem-Estar quer você! O Bem-Estar está esperando do lado de fora da sua porta. Todos os seus desejos, expressos ou omitidos, são transmitidos por meio de vibrações. São ouvidos, entendidos e *respondidos* pela Fonte. Agora você precisa aprender como receber as respostas.

Você é uma extensão física da Energia Essencial

Você e o que chamamos de Fonte são a mesma coisa.
Você não pode ser separado da Fonte.
A Fonte nunca será separada de você.
Quando pensamos em você, pensamos na Fonte.
Quando pensamos na Fonte, pensamos em você.
A Fonte nunca oferece um pensamento que possa separá-la de você.
Você *nunca* poderá oferecer um pensamento que cause separação total da Fonte. Mas pode oferecer pensamentos com uma vibração diferente, o que impede sua conexão natural com a Fonte. Damos a isso o nome de *resistência*.

A Fonte e o Bem-Estar estão sempre totalmente disponíveis para você. Muitas vezes você *permite* esse Bem-Estar, outras, não. *Queremos ajudá-lo a permitir* **conscientemente** *sua conexão, na maior parte do tempo, com a Fonte.*

O valor evolutivo de suas preferências pessoais

Não subestime o valor de suas preferências, pois a evolução do planeta depende da realização dos desejos mais variados. Vocês estão constantemente emanando novos desejos na forma de sinais vibráteis que são recebidos e respondidos pela Fonte. Dessa forma, o Universo se expande.

Este livro vai mostrar como se colocar na situação vibrátil adequada para receber tudo o que você está pedindo.

A Ciência da Criação Deliberada

Queremos que você experimente a satisfação de criar com alegria e *conscientemente* sua própria realidade. Nunca é demais repetir: é *você* quem cria sua própria realidade; ninguém mais. Mesmo que não saiba disso. Por isso, é comum você criar sem se dar conta. Quando estamos cientes dos nossos pensamentos e os oferecemos deliberadamente, somos criadores **intencionais** de nossa própria realidade.

Seus desejos e crenças são apenas pensamentos: "Peça e será atendido." Você pede de várias formas, e, mesmo que deseje que determinada coisa *não* aconteça, está pedindo. As palavras são desnecessárias; basta sentir no fundo da alma: *Eu desejo isto. Eu adoro isto. Eu quero isto.* Esse desejo é o começo de toda a atração.

Você nunca ficará cansado, porque o fluxo de desejos é infinito. Como os "pedidos" nunca acabam, as "respostas" não param de fluir.

Depois que aceitar a ideia de que é imortal, de que novos desejos nascerão constantemente em você, de que a Fonte jamais irá parar de responder, então você poderá relaxar e abrir-se para expressar constantemente qualquer coisa que deseje.

Queremos que você seja feliz com o que é e com o que tem, embora continue ansiando por mais. Esta é a posição ideal: sentir uma antecipação otimista e feliz, sem qualquer sinal de impaciência, dúvida ou descrença que impeça a recepção do que você deseja – esta é a Ciência da Criação Deliberada no que ela tem de melhor.

Capítulo 5

Entender a base do Universo faz com que tudo se encaixe

Existe uma corrente que passa através de tudo. Ela é a base do Universo, existe em todo o seu mundo físico. Alguns têm conhecimento dessa Energia, mas a maioria dos seres humanos a desconhece. No entanto, *todos* são afetados por ela.

Quando você começar a tomar consciência dessa Energia Essencial que é a base de todas as coisas, passará a entender tudo sobre sua própria experiência. Compreenderá também mais claramente as experiências das pessoas ao seu redor.

Uma fórmula consistente traz resultados consistentes

Tomar consciência dessa Energia e entendê-la lhe dará uma fórmula para compreender seu mundo e obter resultados consistentes. Eles serão de tal forma concretos que você será muito mais capaz de prever suas experiências futuras e de compreender suas experiências passadas de outra maneira.

Você nunca mais se sentirá como vítima, no passado ou no futuro, nunca mais terá medo de que coisas indesejadas apareçam repentinamente em sua vida. Finalmente, entenderá que é capaz de controlar sua própria experiência. E se dará conta do seu poder criador ao perceber que tudo converge para ajudá-lo a realizar seus próprios desejos. Todos têm esse potencial – alguns o estão realizando, e você vai aprender como fazê-lo.

Será extremamente gratificante saber que cada um dos seus desejos pode ser totalmente realizado!

Você é um Ser Vibrátil em um ambiente vibrátil

Você pode *sentir* se está permitindo ou impedindo sua conexão completa com a Energia Essencial. Sabe como? Já falamos disso: quanto melhor você se sente, mais está permitindo a conexão; quanto pior você se sente, menos está permitindo. Sentir-se bem é sinal de que você está permitindo a conexão; sentir-se mal é sinal de que você está resistindo à conexão com a sua Fonte.

Você é um "Ser Vibrátil", e tudo que experimenta em seu ambiente físico é vibrátil. Com os olhos, por exemplo, você converte a vibração em algo que vê. Com os ouvidos, converte a vibração nos sons que ouve. O nariz, a língua e as pontas dos dedos estão convertendo as vibrações nos cheiros, gostos e toques que o ajudam a entender o seu mundo. *As emoções são os mais sofisticados intérpretes das vibrações.*

Capítulo 6

A Lei da Atração é a mais poderosa do Universo

Todo pensamento vibra, todo pensamento emite um sinal e todo pensamento atrai de volta um sinal correspondente. Chamamos esse processo de *Lei da Atração*. Em que consiste? Leia com bastante atenção, pois este é um ponto importante e, no entanto, simples: *coisas com vibrações semelhantes se atraem*.

Um exemplo para você entender melhor. É o mesmo princípio que atua quando você liga o rádio e o ajusta para receber o sinal de uma torre de transmissão. Você não espera que uma música transmitida na frequência 101 FM seja recebida quando o rádio estiver sintonizado em 98,6 FM. Você sabe que as frequências do rádio devem coincidir. O mesmo acontece com a *Lei da Atração*.

Como suas experiências fazem com que emita seus desejos em forma de vibração, você deve encontrar maneiras de manter-se em harmonia vibrátil com esses desejos para que eles se realizem. De que forma?

A que você está dando atenção?

Aquilo a que você está dando atenção fará com que emita uma vibração. Essas vibrações correspondem ao seu pedido. Aqui se encontra seu ponto de atração.

Se você deseja algo que no momento *não* tem, basta concentrar sua atenção nessa coisa. Segundo a *Lei da Atração*, ela virá até você, pois, ao pensar positivamente na coisa ou na experiência que deseja ter, você emite uma vibração que faz com que essa coisa ou experiência venha até você.

Mas o contrário pode acontecer quando, ao desejar algo, você concentra sua atenção no fato de *não tê-lo*. Nesse caso, a *Lei da Atração* continuará a corresponder à vibração de não ter o que deseja, e ele não virá. É assim que a Lei funciona.

Como posso saber o que estou atraindo?

Então, o segredo para atrair algo que você deseja é entrar em *harmonia* vibrátil com esse desejo. Sabe qual é a forma mais fácil de fazer isso? É imaginar-se tendo essa determinada coisa. Faça de conta que ela já faz parte da sua experiência e deixe seus pensamentos fluírem rumo ao prazer de experimentá-la. À medida que você praticar esses pensamentos e começar a oferecer essa vibração regularmente, estará permitindo que o objeto do desejo venha para você.

Preste atenção para ver se está concentrando sua atenção na posse do objeto do seu desejo ou na *ausência* dele. Quando a vibração dos seus pensamentos corresponde ao seu desejo, você se sente bem – suas emoções são de contentamento, expectativa otimista e alegria. Mas, se você se concentrar na falta daquilo que deseja, sentirá pessimismo, preocupação, desânimo, raiva, insegurança e depressão. Vamos repetir isso até você ficar bem consciente.

À medida que tomar consciência de suas emoções, saberá como está lidando com seu *Processo Criador* e passará a entender por que as coisas acontecem dessa ou daquela maneira. Suas emoções lhe oferecem um sistema de orientação maravilhoso. Se prestar atenção nelas, será capaz de direcionar-se para tudo o que desejar.

Você consegue aquilo em que pensa, querendo ou não

Segundo a poderosa Lei Universal da Atração, você atrai para si a essência daquilo que ocupa predominantemente seus pensamentos. Por isso, se pensar intensamente nas coisas que deseja, sua experiência de vida refletirá essas coisas. Mas, se estiver pensando constantemente nas coisas que não deseja, sua experiência de vida também refletirá essas coisas.

Pensar em qualquer coisa é como planejar um evento futuro. Quando você pensa com gosto, está planejando. Quando pensa com preocupação, também está planejando. Mas preocupar-se significa usar a imaginação para criar algo que você não deseja.

Não se esqueça: todo pensamento, toda ideia, todo Ser, tudo é vibrátil. Por isso, quando você concentra sua atenção em algo, mesmo que por um breve período, a vibração do seu Ser começa a refletir a vibração daquilo a que você está dando atenção. Quanto mais você pensa em uma coisa, mais vibra como ela; e quanto mais você vibra como ela, mais a atrai. Enquanto sua vibração não for diferente, essa tendência continuará a aumentar. Quando sua vibração mudar, as coisas que correspondem a essa nova vibração serão atraídas para você por você.

Quando você entende a *Lei da Atração*, nunca é surpreendido pelo que ocorre em sua vida, pois compreende que, através do seu próprio processo de pensamento, convidou cada pedacinho daquela experiência para entrar. *Nada pode acontecer em sua experiência de vida sem o convite que parte do seu pensamento.*

Como não há exceções à poderosa *Lei da Atração*, é fácil entendê-la. Quando você compreender que obtém o que pensa, e quando se der conta do que está pensando, você se tornará capaz de controlar totalmente sua própria experiência.

Qual é o tamanho de suas diferenças vibráteis?

Veja dois exemplos. Existe uma enorme diferença vibrátil entre os pensamentos de *amor* por seu parceiro ou parceira e os pensamentos do que você rejeita e gostaria que fosse *diferente* nele ou nela. O relacionamento entre vocês dois reflete sempre seus pensamentos predominantes, pois, mesmo que não tenha consciência deles, são os que criam a relação.

O desejo de melhorar sua situação financeira não poderá se realizar enquanto você sentir inveja da sorte do seu vizinho, pois a vibração do seu desejo e a vibração dos seus sentimentos de inveja são diferentes.

Compreender o poder de suas vibrações ajuda você a criar deliberadamente sua própria realidade. Com o tempo e a prática, descobrirá que todos os seus desejos podem ser realizados, pois, como já dissemos: não há nada que você não possa ser, fazer ou ter.

É você quem convoca sua energia vibrátil

Você é Consciência.
Você é Energia.
Você é Vibração.
Você é Eletricidade.
Você é a Fonte de Energia.
Você é Criador.
Você é Líder dos seus pensamentos.

Embora possa lhe parecer estranho, é importante começar a aceitar a ideia de que você é um Ser Vibrátil, porque vive em um Universo Vibrátil em que as leis que o governam são vibráteis.

Depois que você se harmonizar conscientemente com as Leis do Universo e entender por que as coisas respondem de uma determinada forma, dúvidas e medos darão lugar a conhecimento e confiança, inseguranças serão substituídas por certezas – e a alegria voltará como premissa básica da sua experiência.

Quando seus desejos e crenças são vibrações correspondentes

Vamos repetir para que você absorva:

Os semelhantes se atraem, por isso a vibração do seu Ser deve corresponder à vibração do seu desejo, para que a manifestação concreta dele seja totalmente recebida por você. Você não pode se concentrar na ausência daquilo que deseja e achar que vai recebê-lo, pois a frequência vibrátil da ausência é diferente da frequência vibrátil da presença. Isto é: *As vibrações de seus desejos e de suas crenças devem estar sintonizadas para que você receba o que deseja.*

Quando você identifica, consciente ou inconscientemente, suas preferências pessoais, a Fonte que adora você e o escuta responde imediatamente à vibração de seu pedido, seja ou não colocado em palavras.

Por isso, não importa o que você peça – seja de que forma for –, seu pedido é ouvido e respondido todas as vezes, sem exceções. Quando pede, você é sempre atendido.

Redescoberta da arte de permitir seu Bem-Estar natural

Vamos entrar agora numa questão da maior importância: a *Arte da Permissão*. Ela consiste em *permitir* que o Bem-Estar do Universo flua de forma constante e irrestrita para a sua experiência. É a arte de permitir que o Bem-Estar – que constitui cada partícula do que você é – continue a fluir pelo seu ser enquanto você viver. A *Arte da Permissão* é a arte de não resistir ao Bem-Estar que você merece; o Bem-Estar que é natural; o Bem-Estar que é o seu legado, a sua Fonte e o seu Ser verdadeiro.

Abra as comportas e deixe o Bem-Estar fluir para dentro de você

No lugar onde você se encontra neste exato momento, veja-se como o beneficiário do poderoso Fluxo do Bem-Estar. Tente imaginar que está se deixando levar pela corrente desse fluxo formidável. Sorria e procure aceitar que você o merece.

É claro que essa capacidade de sentir que merece o poderoso Fluxo do Bem-Estar depende do que esteja acontecendo na sua vida. Em algumas circunstâncias, você se sente uma pessoa de muita sorte; em outras, nem tanto. Preste atenção! Quando você se sente uma pessoa de sorte e espera que boas coisas fluam para você, isso indica que se encontra num estado de *permissão*. Mas quando se sente perseguido, e não espera receber boas coisas, está num nível de *resistência*. Desejamos que ao continuar a ler e reler nossa mensagem você consiga ir se libertando de qualquer hábito de pensamento que o leve a rejeitar o Fluxo do Bem-Estar.

Queremos que entenda que, se não fossem os pensamentos resistentes – aqueles adquiridos durante o trajeto físico e que não estão em alinhamento vibrátil com o Fluxo do Bem-Estar –, você seria um receptor total desse fluxo, pois você é uma extensão literal dele.

Portanto, você é totalmente responsável por permitir, ou não, a entrada do Bem-Estar. Não estamos dizendo que seja fácil, pois os acontecimentos e as pessoas que o cercam podem influenciá-lo para permitir ou rejeitar esse fluxo. Mas, de fato, só depende mesmo de você. Você pode abrir as comportas e deixar o Bem-Estar entrar, ou pode escolher pensamentos que o mantenham afastado daquilo que é seu. Mas, mesmo que você decida resistir a ele, o fluxo está correndo constantemente para você. Ele nunca acaba, nunca se cansa, está sempre à sua espera.

Você está na posição perfeita para começar

Nada precisa mudar nas circunstâncias que o cercam para você começar a permitir deliberadamente sua conexão com o Fluxo do Bem-Estar. Você pode estar na cadeia, com uma doença terminal, falido, ou em meio a um divórcio. Ainda assim, está no lugar perfeito para começar. Também queremos que entenda que isso não requer muito tempo. Requer apenas uma compreensão simples das Leis do Universo e uma determinação para avançar rumo ao estado de *permitir* a conexão.

Quando você dirige seu carro de um lugar para outro, tem consciência de quais são o ponto de partida e o de chegada. Você sabe e aceita que não pode chegar ao seu destino instantaneamente, que será necessário percorrer uma determinada distância, num certo tempo. Embora possa ficar ansioso para chegar logo, e talvez até se canse com a viagem, você enfrenta o percurso sem pensar em dar meia-volta e retornar ao ponto de partida.

Você não anuncia aos quatro ventos sua incapacidade de realizar a jornada. Você aceita a distância entre o ponto de partida e o lugar para onde deseja ir e continua seguindo na direção dele. Você sabe o que deve fazer e faz o que é necessário. O mesmo acontece com o trajeto entre o lugar onde você está agora e aquele aonde deseja chegar.

Capítulo 7

Você é um transmissor e um receptor vibrátil

Agora você está pronto para entender o aspecto mais importante de como controlar, criar e aproveitar sua experiência na vida física.

Antes de mais nada, grave isso: você é um *Ser Vibrátil*. Quando as pessoas encontram você, elas o veem com os olhos e o ouvem com os ouvidos, mas você está se apresentando para elas (e para o Universo) de uma forma muito mais poderosa: *você é um transmissor vibrátil e está transmitindo seu sinal em todos os momentos da sua existência.*

Enquanto está desperto, você projeta constantemente um sinal específico e facilmente identificável que é instantaneamente recebido, compreendido e respondido. Imediatamente, suas circunstâncias presentes e futuras começam a mudar em resposta ao sinal que você está enviando *agora*. Por isso, o Universo inteiro, neste exato momento, é afetado pelo que você está enviando.

Você é uma personalidade eterna, concentrada no agora

Seu mundo presente e futuro é afetado direta e especificamente pelo sinal que você está transmitindo agora. Você é uma personalidade eterna, mas quem você é neste momento e o que está pensando agora causam uma concentração de Energia muito poderosa. Essa Energia que você concentra é a mesma Energia que cria mundos. E está, neste exato momento, criando o seu mundo.

Dentro de você há um *sistema de orientação* interno de fácil compreensão. Ele possui indicadores que ajudam você a entender a força ou o poder do sinal que emite, bem como a direção do seu foco. E sobretudo esse *sistema de orientação* o ajuda a saber se o pensamento que você escolhe está alinhado com o próprio Fluxo de Energia.

Seus sentimentos são os representantes desse sistema de orientação. *Em outras palavras, o modo como você se sente é o verdadeiro indicador do seu alinhamento com a sua Fonte e com suas próprias intenções.*

Já tínhamos falado disso? Pois ainda vamos repetir.

Suas crenças mais sólidas já foram um dia pensamentos tranquilos

Cada pensamento que já tenha passado por sua cabeça ainda existe, e sempre que você se concentra em um novo pensamento ativa a vibração do primeiro dentro de si. Por isso, o que quer que esteja atraindo sua atenção neste momento é um pensamento ativado. Porém, quando você desvia sua atenção de um pensamento, ele fica adormecido e deixa de ser ativo. A única forma de desativar conscientemente um pensamento é ativar outro. Ou seja, para tirar intencionalmente a atenção de um pensamento é preciso transferi--la para outro.

Quando você começa a dar atenção a qualquer coisa, a princípio a vibração não é muito forte. Mas, se você continuar a pensar ou a falar naquilo, a vibração vai se intensificando e qualquer assunto irá se tornar um pensamento dominante. À medida que você dá mais e mais atenção a um pensamento, se concentra nele e, dessa forma, pratica a vibração dele, o pensamento se torna uma parte ainda maior da sua vibração. A esse pensamento se dá o nome de *crença*.

Quanto mais você pensa, mais fortes seus pensamentos se tornam

Quanto mais você reflete sobre um pensamento e quanto mais frequentemente você retorna a ele, mais forte se torna o seu alinhamento vibrátil.

À medida que alcança um alinhamento mais forte com qualquer pensamento, você começa a sentir emoções que indicam o aumento ou a diminuição do alinhamento com sua própria Fonte. Se o assunto estiver em alinhamento com a Fonte do seu Ser, a harmonia de seus pensamentos se expressará na forma de bons sentimentos. Mas, se o pensamento não estiver alinhado com a Fonte, a desarmonia de seus pensamentos se expressará sob a forma de sentimentos negativos.

A atenção que você dispensa ao pensamento o convida a entrar na sua experiência

Cada pensamento ao qual você dá atenção se expande e se torna uma parte maior da sua mescla vibrátil. Seja um pensamento gerado por algo que você deseja ou por algo que você não deseja, a atenção que dispensa ao pensamento o convida a entrar na sua experiência.

Como este é um Universo baseado em atração, tudo gira em torno da inclusão – não existe exclusão. Por isso, quando você se concentra em algo que gostaria de experimentar e grita *sim, eu quero*, você o inclui na sua experiência. Mas, quando se concentra em algo que não deseja experimentar e grita *não, eu não quero*, você também o inclui na sua experiência. Não pense que você exclui qualquer coisa com o seu *não*. Lembre-se: não há exclusão nesse Universo baseado em atração. Sua concentração é o convite. A atenção que você dispensa a um objeto ou experiência é o convite.

A *Lei da Atração* lhe proporciona circunstâncias, condições, experiências, outras pessoas e todos os tipos de coisas que correspondam à sua vibração dominante habitual. E, quando as coisas que começam a se manifestar ao seu redor coincidem com os pensamentos que vem tendo, você está apto a desenvolver tendências e hábitos vibráteis cada vez mais fortes. Por isso, um pensamento inicialmente pequeno e insignificante evolui para uma crença poderosa – e sua experiência sempre será influenciada por crenças poderosas.

Capítulo 8

O valor escondido atrás de suas reações emocionais

Seu sentido da visão é diferente do sentido da audição, e seu sentido do olfato é diferente do sentido do tato, mas, embora diferentes, todos são interpretações vibráteis. Em outras palavras, quando você se aproxima de um fogão quente, seus sentidos de visão, paladar ou olfato não lhe dizem necessariamente que o fogão está quente. Mas, quando você aproxima seu corpo do fogão, os sensores na sua pele logo o avisam de que o fogão está quente.

Da mesma forma como você utiliza seus cinco sentidos físicos para interpretar sua experiência na vida física, você nasceu com outros sensores – suas emoções –, que são os intérpretes vibráteis que o ajudam a entender as experiências que está vivendo.

Emoções são indicadores do seu ponto de atração

Suas emoções são os indicadores do conteúdo vibrátil do seu Ser, em todos os momentos. Por isso, quando você se conscientiza do sentimento presente em suas emoções, pode também tomar consciência do tipo de vibração que está oferecendo. De posse dessa consciência, pode guiar sua experiência de vida como quiser.

Como as emoções lhe dizem tudo o que você quer saber sobre seu relacionamento com a Fonte, geralmente nos referimos a elas como *Sistema de Orientação Emocional*.

Quando você tomou a decisão de vir ao mundo nesse corpo físico, sabia perfeitamente da sua conexão eterna com a Energia Essencial. Sabia também que suas emoções seriam indicadores constantes que lhe informariam, em todos os momentos, o estado de seu relacionamento com a sua Energia Essencial. Compreendendo essa fantástica orientação à qual tem acesso a cada momento, você não experimentou qualquer sensação de risco ou confusão, somente de aventura e verdadeira satisfação.

Emoções são indicadores do seu alinhamento com a Energia Essencial

Embora nunca possa haver um desalinhamento com a Fonte que o desconecte dela totalmente, os pensamentos em que você concentra sua atenção proporcionam uma variação substancial em termos de alinhamento ou desalinhamento com a Energia Não Física – quem você realmente é. Por isso, com o tempo e a prática, você saberá, em todos os momentos, qual o nível de alinhamento com quem você realmente é, pois, quando se alinha totalmente com a Energia da sua Fonte, você progride. E, quando não permite esse alinhamento, não progride.

Vocês são Seres poderosos; vocês são completamente livres para criar. Quando sabe disso e se concentra em coisas que estão em harmonia vibrátil com esse conhecimento, você experimenta uma alegria ilimitada. Mas, quando é tomado por pensamentos contrários a essa verdade, sente as emoções opostas de perda de energia e sobrecarga.

Use suas emoções para encontrar o caminho de volta ao Bem-Estar

Quando seu pensamento está ajustado ao seu ser essencial, você sente a harmonia correndo pelo seu corpo físico. Alegria, amor e uma sensação de liberdade são emoções provocadas por esse alinhamento. No entanto, quando seus pensamentos *não* estão ajustados com o que você realmente é, a desarmonia toma conta do seu corpo físico. Depressão, medo e sentimentos de rejeição são causados por esse desalinhamento.

Assim como os escultores moldam o barro para criar o que lhes agrada, você pode criar moldando a Energia. Você a molda com o seu poder de concentração – pensando em coisas, lembrando-se de coisas e imaginando coisas. Você concentra a Energia quando fala, quando escreve, quando ouve, quando está em silêncio, quando se lembra e quando imagina. Você a concentra através da projeção do pensamento.

Como os escultores, que, com o tempo e a prática, aprendem a moldar o barro para criar o que desejam, *você pode aprender a moldar a Energia que cria mundos com a concentração de sua mente.* E assim como os escultores, que, com as mãos, *sentem* o caminho à medida que vão criando, você usará suas emoções para *sentir* o caminho para atingir o Bem-Estar.

Capítulo 9

As três etapas para o que você deseja ser, fazer ou ter

Conceitualmente, o *Processo Criativo* é simples. Consiste em apenas três etapas:

- Etapa 1 (o trabalho é seu): você pede.
- Etapa 2 (o trabalho não é seu): a resposta é dada.
- Etapa 3 (seu trabalho): a resposta dada deve ser recebida ou aceita (você precisa deixá-la entrar).

Etapa 1: você pede

A Etapa 1 acontece de maneira fácil e automática, pois todos os desejos – desde os mais discretos, ou mesmo inconscientes, até os mais claros, precisos e vívidos – resultam das experiências vividas no dia a dia. Os desejos – ou *pedidos* – são subprodutos naturais da sua exposição ao ambiente cheio de variedades e contrastes onde você vive. Por isso, a Etapa 1 acontece naturalmente.

Etapa 2: o Universo responde

A Etapa 2 é uma etapa simples, pois o trabalho não é seu, é do Não Físico, da Força de DEUS. Todas as coisas que você pede, pequenas ou grandes, são imediatamente acatadas e respondidas. Quando você pede, é atendido. Sempre.

De vez em quando, seu "pedido" é expresso em palavras, mas, na maioria das vezes, ele emana de você na forma de vibração, como um fluxo constante de desejos, cada um encadeado no outro, e todos sendo respeitados e respondidos. Toda pergunta é respondida. Todo desejo é atendido. Toda prece é respondida. Todo pedido é concedido. Muitas pessoas talvez discordem dessa afirmação, citando exemplos de desejos não realizados em sua experiência de vida. Isso acontece porque elas ainda não entenderam e não concluíram a Etapa 3, que é fundamental. Sem a conclusão desta etapa, as duas primeiras podem passar despercebidas.

Etapa 3: você permite a entrada da resposta

A Etapa 3 é a aplicação prática da Arte da Permissão. É a razão da existência do seu sistema de orientação. É a etapa na qual você ajusta a frequência vibrátil do seu Ser para sintonizar com a frequência vibrátil do seu desejo. Da mesma forma que o seu rádio precisa estar sintonizado na frequência da estação que você deseja ouvir, a frequência vibrátil do seu Ser deve combinar com a frequência vibrátil do seu desejo. É o que chamamos de *Arte da Permissão*: permitir receber o que está pedindo. Se não estiver na frequência adequada para receber, mesmo que seus desejos tenham sido respondidos, você não vai perceber e terá a impressão de que eles não foram respondidos. Isso não significa que não tenham sido ouvidos. O que aconteceu é que suas vibrações não estavam sintonizadas, e você não deixou a resposta entrar.

Toda questão, na realidade, contém duas: o desejado e o não desejado

Qualquer pedido envolve duas questões: aquilo que você deseja e o que não deseja. Em geral, mesmo quando você acredita que está pensando em algo que deseja, na realidade está pensando exatamente *no oposto do que deseja*. Por exemplo: "Eu quero estar bem de saúde; eu *não* quero ficar doente." "Quero ter segurança financeira; *não* quero passar por privações." "Quero encontrar um par perfeito; *não* quero ficar sozinho."

É muito útil examinar o que você está pensando, o que está acontecendo na sua vida e em que direção você está indo. Quando compreender a importância das mensagens que suas emoções estão lhe enviando, e prestar atenção nelas, você não precisará esperar até que algo aconteça para entender qual tem sido a sua oferta vibrátil. Examine o que está sentindo e você poderá dizer exatamente que direção está tomando.

Sua atenção deve estar no desejo, e não na ausência dele

Você nem sempre tem consciência de que seus desejos foram respondidos porque, muitas vezes, existe um intervalo de tempo entre o seu pedido (Etapa 1) e a permissão que você dá para receber a resposta (Etapa 3). *Mesmo que um desejo claro emane de você, gerado por alguma situação específica, muitas vezes, em vez de concentrar sua atenção exclusivamente no desejo, você a concentra na situação negativa que deu origem ao desejo.*

Por exemplo, seu carro está ficando velho e vive na oficina. À medida que começa a notar o desgaste do carro, você se surpreende desejando um carro novo. Como anseia por aquela sensação de segurança que um carro novo traz, uma forte vibração de desejo emana de você. A Fonte o recebe e, com gentileza, responde imediatamente.

Porém, como você não estava consciente das Leis do Universo e do *Processo de Criação em Três Etapas*, esse sentimento arrebatador de desejo por um carro novo durou muito pouco. Em vez de concentrar-se nele e continuar a pensar com empolgação no carro *novo* – entrando assim em harmonia vibrátil com a sua *nova* ideia –, você se concentra no carro velho e nos motivos pelos quais deseja trocá-lo. "Esse carro só me dá aborrecimento", você conclui, sem perceber que, ao olhar para o carro que não o satisfaz, está direcionando suas vibrações para *ele*, e não para o carro novo que deseja. "Eu realmente preciso de um carro novo", você diz, e volta a falar de todos os problemas do seu carro decadente. Dessa forma, você continua a se manter fora do alinhamento vibrátil com o seu novo desejo e fora da frequência necessária para receber o que está pedindo.

*Enquanto você se concentrar mais no que **não** deseja, não conseguirá o que **realmente** deseja.* Se estiver pensando o tempo todo no seu lindo carro novo, ele acabará vindo até você. Mas, se os seus pensamentos estiverem voltados para o carro atual, o carro novo e confiável não poderá chegar a você.

Talvez pareça difícil perceber a diferença entre o que é pensar realmente no carro novo e o que é ficar ligado ao antigo. Mas quando você estiver bem consciente do seu *Sistema de Orientação Emocional* – das emoções que está sentindo –, será capaz de fazer essa distinção com a maior facilidade.

Agora você tem a chave para criar todos os seus desejos

Quando você entender que seus pensamentos equivalem ao seu ponto de atração e que a sua forma de *sentir* indica o seu nível de *permissão* ou de *resistência*, terá a chave para criar tudo o que deseja.

Não é possível que você sinta sistematicamente emoções positivas a respeito de alguma coisa e ela dê errado, assim como não é possível que você tenha uma ideia negativa sobre algo e dê certo. Seus sentimentos lhe dirão se você está permitindo ou não a entrada do seu Bem-Estar natural.

Embora não exista uma fonte de doenças, você é capaz de ter pensamentos que rejeitam o fluxo natural de saúde, assim como pode ter pensamentos que rejeitam o fluxo natural de abundância, apesar de não haver uma fonte de pobreza. Lembre-se: o Bem-Estar está fluindo constantemente em sua direção. Se você não tiver pensamentos que o retardem ou o bloqueiem, poderá experimentá-lo em todas as áreas da sua vida.

Não importa em que ponto você se encontra atualmente em relação ao que deseja. Se prestar atenção à sua forma de *sentir*, e direcionar o pensamento para sentimentos positivos, poderá entrar novamente em harmonia vibrátil com o Bem-Estar, que é seu estado natural.

Não se esqueça: você é uma extensão da Energia Não Física pura e positiva. Por isso, quanto mais estiver em harmonia vibrátil com você mesmo, melhor se sentirá. Quando você ama alguém (ou a si mesmo), tem uma vibração sintonizada com quem realmente é. Mas, se fica procurando falhas em si mesmo ou nos outros, emitirá uma vibração não sintonizada com quem realmente é. A emoção negativa que sente nos momentos em que olha alguém com animosidade indica que você deixou a vibração de resistência se instalar e não está mais *permitindo* a conexão pura entre o seu eu físico e a sua parte Não Física.

Costumamos nos referir a essa parte Não Física como o seu *Ser Interior* ou a sua *Fonte*. Mas não importa o nome dado a essa *Fonte de Energia* ou *Força da Vida*. O importante é que você tome consciência de que está permitindo uma conexão plena com ela ou de que a está bloqueando de alguma forma. Suas emoções são indicadores constantes do seu nível de permissão ou de resistência a essa conexão.

Capítulo 10

Com a prática, você se tornará um criador intencional e alegre

Quando você conseguir analisar conscientemente a sua forma de sentir, poderá direcionar cada vez melhor a Energia Essencial e se tornará um *criador intencional*, alegre e disciplinado. Com a prática, você será capaz de obter o controle dessa *Energia Criadora* e, como um hábil escultor, terá prazer em direcioná-la para a sua criação individual.

Quando falamos de *Energia Criadora*, dois fatores devem ser considerados: primeiro, a intensidade e a velocidade da Energia; segundo, o nível de permissão ou de resistência que você oferece a ela. O primeiro fator está relacionado ao tempo que você levou elaborando seu desejo e até que ponto foi específico. Em outras palavras, quando passa muito tempo desejando algo, seu poder é muito maior do que quando pensa nisso pela primeira vez. E, também, quanto mais o seu desejo for específico, mais poderosa será a convocação. Depois que o desejo tiver atingido essa espécie de poder ou velocidade, é muito fácil para você *sentir* como anda sua *permissão* ou sua resistência.

Quando você pensa em algo que espera há muito tempo, e se dá conta de que não aconteceu ainda, é provável que experimente um forte sentimento negativo, o que significa que deixou de estar em alinhamento vibrátil com uma coisa que possui uma forte energia. Entretanto, se você pensar em algo pelo qual vem esperando há muito tempo, e imaginar que *está* acontecendo, é provável que seu sentimento seja de alegre antecipação.

Examine o que está *sentindo* e saberá se está sintonizado com o seu desejo ou com a ausência dele, se está permitindo ou resistindo à recepção do seu desejo, se o está ajudando ou impedindo.

Quando seu pensamento se torna dominante

Sempre que você se concentra consistentemente em um assunto, gerando uma ativação vibrátil consistente dentro de você, ele se torna um pensamento dominante. Quando isso acontece, as *coisas* sintonizadas com ele começam a se manifestar. Da mesma forma como um pensamento anterior se une a outros *pensamentos* sintonizados com ele, agora as *coisas* sintonizadas com o seu pensamento dominante começarão a surgir no seu caminho: artigos de revistas, conversas com amigos, observações pessoais, tudo aquilo que vai contribuir para a realização do seu desejo. O processo de atração se tornará aparente. *Depois que a sua atenção focalizada tiver ativado suficientemente uma vibração dominante dentro de você,* **as coisas** *– desejadas ou não – começarão a abrir caminho em sua experiência pessoal. É a Lei.*

Como se tornar efetivamente um criador intencional

Lembre-se: antes de poder efetivamente prestar atenção às suas emoções e tirar proveito disso, você deve primeiro aceitar que o Bem-Estar é a única corrente que flui. Você pode permitir ou rejeitar esse fluxo, mas, quando o permite, você está bem; quando o rejeita, está doente. Em outras palavras, só existe um Fluxo de Bem-Estar que você pode aceitar ou rejeitar. Veja como está se *sentindo*. Essa será a melhor forma de saber qual é a sua escolha.

Você é uma pessoa feita para progredir e se sentir bem. Você *está* bem. Você *é* amado, e o Bem-Estar flui constantemente em sua direção. Se você permitir sua entrada, ele se manifestará de todas as formas em sua experiência.

Qualquer coisa a que você dá atenção já está pulsando em uma vibração de Energia. À medida que mantém sua atenção nessa coisa, você começa a vibrar da mesma forma. Cada vez que se concentra nela e oferece a vibração, vai ficando mais fácil fazer, até que, depois de algum tempo, você desenvolve uma espécie de tendência vibrátil. É como praticar um exercício: fica cada vez mais fácil. Dessa maneira, como já dissemos, se forma uma crença.

Uma *crença* é apenas uma vibração praticada muitas vezes. Em outras palavras, depois que você tiver praticado um pensamento durante um tempo suficiente, toda vez que voltar a qualquer assunto ligado ao pensamento a *Lei da Atração* o remeterá à vibração da sua crença. Assim, a *Lei da Atração* traz para você coisas sintonizadas com essa vibração.

Qualquer coisa em que você concentre muitas vezes sua atenção se transformará na sua "verdade". A Lei da Atração determina assim. Sua vida, e a de qualquer outra pessoa, é apenas um reflexo da predominância dos seus pensamentos. Sem nenhuma exceção.

Você tomou a decisão de direcionar seus pensamentos?

Para ser o *criador intencional* de sua própria experiência, você precisa direcionar seus pensamentos. Só quando escolher intencionalmente a direção de seus pensamentos é que poderá afetar de forma deliberada seu ponto de atração.

Você não pode querer modificar seu ponto de atração se continuar a observar e acreditar nas coisas da forma como sempre o fez. Assim como não pode sintonizar seu rádio na 630 AM para receber a transmissão da 101 FM. Suas frequências vibráteis precisam estar sintonizadas.

Repetindo mais uma vez: *cada emoção que você sente é um indi-*

cador do seu alinhamento ou desalinhamento com a Energia da sua Fonte. Quando você presta atenção nessas emoções e tenta se concentrar em pensamentos positivos, está usando seu Sistema de Orientação Emocional para seu benefício, como pretendia quando decidiu vir ao mundo nesse corpo físico.

Seu *Sistema de Orientação Emocional* é a chave para ajudá-lo a entender qual é exatamente o seu ponto de atração atual. *Às vezes parece difícil perceber a diferença entre o pensamento ligado àquilo que você realmente deseja e o pensamento ligado à ausência do objeto de seu desejo. Mas é fácil perceber essa diferença. Porque, quando se concentra totalmente em seu desejo, você se sente maravilhosamente bem. E, quando se concentra na ausência do que deseja, sente-se terrivelmente mal. Suas emoções sempre lhe informam o que você está fazendo com a sua vibração. Elas sempre lhe dizem exatamente qual é o seu ponto de atração. Por isso, prestando atenção nas suas emoções e oferecendo* **intencionalmente** *pensamentos que favorecem sua forma de sentir, você poderá guiar-se* **conscientemente** *rumo à frequência vibrátil que permitirá a realização de todos os seus desejos.*

Você consegue aceitar-se como um Ser Vibrátil?

A maioria dos nossos amigos no estado físico não está acostumada a encarar a vida em termos de vibrações. E certamente nenhum deles costuma pensar em si mesmo como receptor e transmissor. Mas você vive em um *Universo Vibrátil* e é mais *Energia, Vibração* ou *Eletricidade* do que percebe. *Se você aceitar essa nova orientação e passar a aceitar-se como um Ser Vibrátil que atrai todas as coisas que lhe acontecem, então começará a deliciosa jornada rumo à Criação Intencional. Se entender a correlação entre o que está pensando, o que está sentindo e o que está recebendo, você possuirá todas as chaves necessárias para ir de onde se encontra para onde deseja estar, em todos os aspectos.*

Capítulo 11

Você pode controlar seus valores de referência emocionais

A maioria das pessoas não crê que tem controle sobre suas crenças. Elas observam o que acontece ao seu redor e refletem sobre sua experiência, mas acham que não são capazes de controlar a crença que está sendo criada dentro delas. Passam a vida classificando os eventos em bons ou maus, desejados ou indesejados, certos ou errados, mas raramente conseguem controlar os sentimentos e pensamentos que a experiência provoca nelas.

Qual das "verdades" é a VERDADE verdadeira?

Quando você concentra atenção suficiente em qualquer coisa, a essência dessa coisa pode se tornar uma manifestação física. Ao observarem essa manifestação física, as outras pessoas ajudarão a expandi-la. Passado certo tempo, essa manifestação, desejada ou não, é chamada de "Verdade".

Queremos lembrar que você tem escolhas absolutas sobre as "Verdades" que cria em sua própria experiência. Quando entender que o único motivo de alguém experimentar algo é a atenção que dispensa ao assunto, será fácil perceber que a "Verdade" só existe porque alguém deu atenção a ela.

Existem muitas coisas maravilhosas que você está transformando nas suas Verdades. Mas existem muitas coisas não tão maravilhosas que você também está transformando nas suas Verdades. *Criação Intencional* significa escolher deliberadamente as experiências que você deseja transformar em Verdades.

Seu ponto de atração está sendo afetado

Como dissemos, quando seus pensamentos ainda não estão bastante concentrados, as primeiras vibrações são pequenas e não têm muito poder de atração. Por isso, nesse estágio inicial, é improvável que se transformem em manifestações concretas. Mas não se esqueça: mesmo que você não se dê conta, a atração de outros pensamentos sintonizados vibratilmente com os primeiros está ocorrendo. Em outras palavras, o pensamento vai se tornando mais forte, seu poder de atração vai ficando maior e outras vibrações de pensamentos semelhantes vão se unindo a ele. À medida que o pensamento ganha força, você começa a descobrir – se estiver atento – se essa vibração-pensamento crescente está sintonizada com a Energia da sua Fonte. Se ela estiver sintonizada com quem você é, suas emoções positivas serão indicadores confiáveis. Se *não* estiver, suas emoções negativas também o indicarão.

Por exemplo, quando você era criança, sua avó pode ter lhe dito: "Você é uma criança maravilhosa. Eu o amo muito. Você terá uma vida feliz e gratificante. Você é cheio de talentos, e o mundo se beneficiará com a sua presença." Essas palavras fizeram você se sentir bem, porque combinaram vibratilmente com o que estava no seu íntimo. Mas, quando alguém lhe diz: "Você é desagradável. Deveria ter vergonha de si mesmo. Você me irrita. Você é inconveniente", essas palavras o fazem sentir-se terrivelmente mal, porque a atenção que dispensou a elas fez com que você se tornasse vibratilmente diferente de quem *realmente é* e do que realmente sabe.

Mais uma vez: preste atenção em suas emoções, pois são elas que lhe dizem se você está *permitindo* a conexão com a Fonte ou *resistindo* a ela.

Estados de espírito como indicadores de seus Valores de Referência Emocionais

Quando você se mantém concentrado em qualquer pensamento, torna-se cada vez mais fácil continuar a se concentrar nele, porque a *Lei da Atração* traz mais pensamentos semelhantes para você. Emocionalmente falando, você está desenvolvendo um estado de espírito ou uma atitude. Em termos de vibração, está alcançando um canal vibrátil habitual – um *Valor de Referência*.

Seu estado de espírito é um bom indicador do que você está convidando a entrar na sua experiência. É uma indicação clara da sua vibração. Em outras palavras, sempre que o contato com o ambiente que o cerca ativa um pensamento dentro de você, sua vibração salta imediatamente para o local vibrátil que você pratica mais, ou seja, para o seu *Valor de Referência*.

Por exemplo, digamos que quando você era criança seus pais passaram por sérias dificuldades financeiras. Por isso, a falta de dinheiro e a impossibilidade de comprar as coisas desejadas eram assuntos corriqueiros em sua casa, acompanhados de medo e preocupação. Geralmente, em resposta a algum pedido seu, lhe diziam que "dinheiro não é capim", que "só porque você quer não significa que possa ter" e que "você, como qualquer outro membro desta família, deve aprender a passar sem isso. A vida é assim...". Por causa de anos de exposição a esses pensamentos de "falta", você se habituou a pensar na questão do dinheiro – seu *Valor de Referência Emocional* – com uma expectativa baixa de sucesso financeiro. Isso fez com que, sempre que pensasse em dinheiro ou em prosperidade, seu estado de espírito mudasse imediatamente para desapontamento, preocupação ou raiva.

Vejamos outro exemplo: quando você era criança, a mãe de um amigo morreu em um acidente de carro. Sua ligação com alguém que estava vivendo um tamanho trauma fez com que você passasse a temer pelo Bem-Estar dos seus pais. Sempre que eles viajavam de carro para algum lugar, você era tomado de medo até que retornassem. Por isso, pouco a pouco, você desenvolveu um hábito de preocupação em relação ao Bem-Estar dos entes amados. Seu *Valor de Referência* em relação a eles passou a ser de insegurança.

Um último exemplo: quando você era adolescente, sua avó morreu repentinamente de ataque cardíaco. Nos anos seguintes, você escutava com frequência sua mãe comentar que vivia preocupada com a alta probabilidade de que o mesmo acontecesse com ela e com as crianças (você!). Praticamente todas as vezes que o assunto era sua avó, aquele ataque cardíaco fulminante se tornava parte – geradora de medos – da conversa. Embora o seu corpo fosse forte e você continuasse a se sentir fisicamente bem, uma preocupação quanto à sua vulnerabilidade física borbulhava sob a superfície. Por isso, com o tempo, seu *Valor de Referência* passou a ser de vulnerabilidade física.

Seus Valores de Referência Emocionais podem ser modificados

Seus Valores de Referência Emocionais podem mudar. Você pode deixar de sentir-se bem ou seguro para sentir-se mal ou inseguro. Mas também pode deixar de sentir-se mal para sentir-se bem, pois seus Valores de Referência são criados simplesmente pela atenção que você dá a uma questão através da prática do seu pensamento.

Entretanto, a maioria das pessoas não oferece pensamentos *deliberadamente*. Em vez disso, sem se darem conta, elas deixam que seus pensamentos sejam atraídos para o que está se passando em torno delas. Algo acontece. Elas observam. Dão uma resposta emocional ao acontecimento. E, como geralmente se acham incapazes de controlar o que acontece ao seu redor, concluem que não têm controle algum sobre a reação emocional ao que estão observando.

Queremos que você entenda que tem controle absoluto sobre seus Valores de Referência e saiba o valor de estabelecê-los. Isso porque, quando você espera alguma coisa, ela vem. Os detalhes podem variar, mas a essência vibrátil corresponderá exatamente ao seu desejo.

Capítulo 12

Permita que seus sentimentos sejam o seu guia

Vamos lembrar outra premissa importante: *você é uma extensão física da Energia Essencial e um fluxo dessa energia flui para você através de você*. Isso é você. Esse fluxo existia antes do Ser físico que você era quando nasceu e continuará a fluir depois que o Ser físico que você é agora experimentar o que você chama de "morte".

Como já falei muitas vezes – mas nunca é demais insistir –, suas emoções lhe dizem quanta Energia Essencial você está convocando a cada momento. Também lhe dizem se o pensamento predominante corresponde ao seu desejo por uma determinada coisa ou à ausência do desejo. Por exemplo, um sentimento de paixão ou entusiasmo indica que há um desejo muito forte concentrado no momento; um sentimento de raiva ou vingança também indica que há um desejo muito forte. Entretanto, um sentimento de letargia ou tédio indica um desejo muito pouco concentrado.

Aprenda a prestar atenção nos seus sentimentos

Quando as emoções são fortes (quer sejam boas ou ruins), seu desejo é forte. Quando as emoções são fracas, seu desejo não é tão forte.

Quando as emoções são boas (quer sejam fortes ou fracas), você está permitindo a realização do seu desejo.

Quando as emoções são negativas (quer sejam fortes ou fracas), você está rejeitando a realização do seu desejo.

Pare um pouco e reflita: *você está ficando mais atento às suas emoções, sabendo que elas são indicadores preciosos?*

Uma sensação de vazio indica algo importante

Quando o marcador de combustível do carro indica que o tanque está vazio, você não reclama do marcador. Você recebe a informação que lhe é oferecida e coloca gasolina no tanque. O mesmo acontece com um sentimento negativo. Ele é um indicador de que a sua escolha atual de pensamentos oferece uma vibração totalmente fora de harmonia com a sua Energia Essencial, e que dessa forma você está rejeitando a conexão com esse Fluxo de Energia. (Fazendo um paralelo com o exemplo que citamos, poderíamos dizer que o tanque está ficando vazio.)

Suas emoções não criam, mas indicam o que você está atraindo no momento. Se as suas emoções estiverem ajudando você a saber que sua escolha de pensamentos não o está levando na direção que deseja ir, tome uma providência: *reforce a sua conexão escolhendo pensamentos positivos.*

"Vá em busca da sua felicidade" é um pensamento positivo, não é?

Muito já se escreveu sobre o poder do pensamento positivo, e somos ferrenhos defensores disso. Nenhuma orientação oferecida a nossos amigos no estado físico é melhor do que esta: "Vá em busca da sua felicidade." Porque, ao buscar a felicidade, você certamente se alinhará com a Energia da sua Fonte. E, nesse constante alinhamento, seu Bem-Estar está garantido. Porém, quando você se deixa mergulhar nas circunstâncias que o fazem oferecer uma vibração distante daquela que corresponde à felicidade, fica impossível abrir-se para ela. Isso porque a *Lei da Atração* não permite que você dê esse salto vibrátil. Mais uma vez, seria o mesmo que sintonizar seu rádio para 101 FM querendo ouvir uma música que está sendo tocada na 630 AM.

Você tem a capacidade de direcionar seus próprios pensamentos

Você tem a capacidade de direcionar seus pensamentos; tem a opção de observar as coisas como elas são ou imaginá-las como gostaria que fossem. Em qualquer das duas opções – imaginando ou observando –, seu poder é enorme. Tem a opção de se lembrar de algo como realmente ocorreu, ou imaginá-lo como você preferia que tivesse ocorrido. Tem a opção de se lembrar de algo que o agradou, ou de algo que não o agradou. Tem a opção de antecipar algo que deseja, ou algo que não deseja. Em todos os casos, seus pensamentos produzem uma vibração dentro de você que equivale ao seu ponto de atração. Por isso, as circunstâncias e os eventos se alinharão para corresponder às vibrações que você ofereceu.

Você tem a capacidade de focar sua atenção onde quiser. Com isso, consegue desviar a atenção de algo indesejado e concentrar-se apenas no desejado. Porém, quando uma vibração dentro de você vem sendo muito praticada, a tendência é continuar a oferecê-la da mesma forma como a vem praticando, mesmo que não queira.

Mudar o padrão da sua vibração não é uma coisa difícil, principalmente quando você entende que pode fazê-lo aos poucos. Depois que compreender como as suas vibrações funcionam, como elas são afetadas pela sua experiência e, sobretudo, o que as suas emoções estão lhe dizendo sobre as suas vibrações, você poderá progredir de modo rápido e constante rumo à conquista de tudo o que deseja.

Se nós estivéssemos no seu lugar

Não é obrigação sua *fazer* algo acontecer – as Forças Universais estão aí para isso. Num primeiro momento, seu trabalho consiste simplesmente em determinar o que deseja. Sua experiência de vida o ajuda a determinar, tanto no nível consciente como no inconsciente, o que prefere e como acha que a vida poderia ser melhor. Cada um de seus pedidos – conscientes ou inconscientes – é respondido pela Fonte.

Quando vive uma experiência que o ajuda a entender com a maior nitidez o que não deseja, você também entende, com a mesma nitidez, aquilo que *realmente* deseja. Mas não pense que o simples fato de estar dolorosamente consciente do que *não* deseja o coloca automaticamente em alinhamento com o que *realmente* deseja. Quando deseja algo que não acredita ser possível, você não está em alinhamento. Quando se sente infeliz por não ter algo que deseja, você não está em alinhamento. Quando inveja alguém que tem exatamente aquilo que deseja, você não está em alinhamento.

Se estivéssemos no seu lugar, voltaríamos nossa atenção para nos sintonizarmos e alinharmos com os desejos e as preferências que você emitiu. Tomaríamos **consciência** *do nosso caminho para o alinhamento.*

Seus desejos naturais não devem ser refreados

Todos os seus desejos, vontades ou preferências emanam de você, natural e constantemente. Por isso, não deve refrear seus desejos; a natureza eterna do Universo faz com que eles venham continuamente à tona.

Esta é a base simples deste Universo em eterna expansão:

- Variedade gera contemplação.
- Contemplação produz preferência.
- Preferência é pedido.
- Pedido é sempre respondido.

Com relação à criação de sua própria experiência de vida, só há realmente uma pergunta importante a fazer: Como posso entrar em alinhamento vibrátil com os desejos produzidos pela minha experiência?

E a resposta é simples: Preste atenção na sua forma de sentir e escolha intencionalmente os pensamentos (a respeito de tudo) que o façam sentir-se bem.

Capítulo 13

Algumas coisas você já sabia antes de chegar aqui

Quando você tomou a decisão de nascer nesse corpo, você sabia o seguinte:

- Abrindo-se sempre para o sentimento de alegria ou Bem-Estar, você estaria indo ao encontro daquilo que deseja.
- Nesse processo rumo aos seus desejos, você experimentaria alegria.
- No plano terrestre, você teria liberdade de ação suficiente para moldar sua vibração de forma a atrair uma experiência de vida maravilhosa.
- Como o Bem-Estar é a base deste Universo maravilhoso, você teria oportunidades suficientes para moldar seus pensamentos, transformando-os em experiências de vida agradáveis.
- Como o Bem-Estar existe em abundância, você não percebia nenhum risco nem se preocupava com o ambiente para o qual estava se movendo.
- A variedade o ajudaria a escolher sua vida específica.
- Seu trabalho consistiria em direcionar seus pensamentos – e, ao fazer isso, sua vida desabrocharia.
- Você é uma extensão eterna da Energia Essencial.
- Você seria capaz de permitir facilmente que o Bem-Estar da

sua origem e da sua Fonte fluísse de forma constante através de você.

- Você nunca se distanciaria da sua Fonte e nunca poderia cortar o vínculo com ela.
- Você experimentaria emoções que o ajudariam a compreender a direção do seu pensamento, e suas emoções lhe diriam instantaneamente se você estava se afastando ou se aproximando do que desejava.
- Você saberia, pela sua forma de *sentir*, momento a momento, se estava permitindo a conexão com o seu Fluxo de Bem-Estar. Por isso, você veio para esta experiência na Terra com a expectativa feliz de uma vida maravilhosa.
- E você também sabia que não haveria uma manifestação imediata de qualquer pensamento e que você teria oportunidades de sobra para moldar, avaliar, decidir e aproveitar o *Processo Criativo*.

Nós chamamos o período entre a oferta de um pensamento e a sua manifestação física de "tempo de preparo". É aquele tempo maravilhoso em que você oferece pensamentos, observa a emoção que ele produz, ajusta o pensamento para conseguir um sentimento ainda melhor e depois, em uma atitude de absoluta expectativa, usufrui a realização tranquila e constante dos seus desejos.

"Se eu sei tanto, por que não sou bem-sucedido?"

Nunca há uma razão para você não ter algo que deseja. Nem existe uma razão para você experimentar algo que não deseja – pois você tem controle absoluto das suas experiências.

De vez em quando, nossos amigos no estado físico discordam dessa afirmativa, porque frequentemente ficam sem algo que desejam ou com algo que não desejam. Por isso, eles não acreditam que sejam verdadeiramente os criadores de suas próprias experiências, afirmando que, se estivessem *realmente* no controle, as coisas seriam diferentes.

Queremos que saiba que você sempre detém o poder e o controle de sua experiência de vida. A única razão que o levaria a experimentar algo diferente do que deseja é por estar dando a maior parte da sua atenção a algo diferente do que deseja.

"Posso confiar realmente na Lei da Atração?"

A Lei da Atração sempre dá para você a essência dos seus pensamentos. Sem exceções. Você recebe o que pensa – querendo ou não.

Com o tempo e a prática, você acabará lembrando que a *Lei da Atração* é consistente. Ela nunca o engana. Nunca o decepciona. Nunca o confunde, pois responde exatamente à vibração que você está oferecendo. Para muitos, a confusão decorre do fato de eles não se darem conta das vibrações que estão oferecendo. Sabem que têm um determinado desejo e sabem que esse desejo ainda não foi atingido, mas *não* percebem que a maioria dos pensamentos que estão oferecendo é contrária ao seu desejo.

Depois que você compreender a importância do seu *Sistema de Orientação Emocional*, nunca mais oferecerá suas vibrações sem tomar consciência delas. Com o tempo, alcançará um conhecimento tão aguçado das suas emoções que saberá, a cada momento, se o pensamento no qual está concentrado leva você para perto ou para longe do que deseja. Você aprenderá literalmente a *sentir* o seu caminho para aquilo que deseja, em todos os aspectos.

A base do seu mundo é o Bem-Estar, quer você o permita ou não. A Lei da Atração diz: os semelhantes se atraem. Por isso, a essência daquilo que atrai sua atenção – seja o que for – se revela em sua experiência. Consequentemente, não há nada que você não possa ser, fazer ou ter. Esta é a Lei.

"Mas eu não posso ir a San Diego saindo de Phoenix!"

Se tudo o que estamos dizendo é verdade (e asseguramos a você que é), então por que tantos experimentam coisas que não desejam?

Reflita sobre esta pergunta: *Se estou em Phoenix, no Arizona, e desejo ir para San Diego, na Califórnia, como faço para chegar lá?* A resposta é fácil: seja qual for o meio de transporte (avião, carro ou mesmo a pé), se você tomar a direção de San Diego, e se continuar seguindo nessa direção, deverá chegar a San Diego.

Se você tomasse o rumo de San Diego, mas se perdesse e voltasse para Phoenix, desse meia-volta e tornasse a se dirigir para San Diego, ficasse confuso novamente e retornasse para Phoenix, poderia passar o resto da vida indo e voltando sem nunca chegar a San Diego. Porém, com a ajuda de seu senso de direção, de placas indicativas e de informações, não é provável que permaneça perdido para sempre no deserto do Arizona sem encontrar o caminho para San Diego. Se você quisesse *mesmo* fazer essa viagem, encontraria certamente uma forma.

Queremos que entenda que a viagem de onde você está para onde deseja ir é tão acessível quanto a viagem de Phoenix até San Diego – depois que você aprender a identificar em que ponto do trajeto se encontra.

Por exemplo, o que faz parecer difícil viajar da falência à fartura financeira é que você não tomou consciência de que deu a volta e rumou na direção oposta. A única razão para a sua viagem não o ter levado da solidão até o relacionamento perfeito, gratificante e compensador que deseja é que você não tinha consciência do poder de seus pensamentos e das palavras que o estavam levando de volta para Phoenix. Você pode entender claramente tudo o que é necessário para ir de Phoenix para San Diego, mas não entendeu os fatores envolvidos para ir da doença para a saúde perfeita, da ausência do relacionamento desejado para a conquista de um relacionamento maravilhoso, ou da quase falência para a liberdade de fazer o que quiser.

Quando estiver bem consciente de suas emoções e do que elas indicam, nunca mais ficará sem saber o que está fazendo com o seu pensamento. Sempre saberá se está se afastando ou se aproximando da meta ou do desejo pretendido. Tomar consciência do que está sentindo lhe dará o conhecimento que vinha buscando e você nunca mais se perderá no deserto. Depois que tiver certeza de que está se movendo na direção dos seus desejos, começará a relaxar e a aproveitar a fantástica viagem.

Capítulo 14

Você é cocriador em um Universo magnificamente variado

Se você for capaz de imaginar alguma coisa ou até mesmo de pensar nela, o Universo tem a capacidade e os recursos necessários para oferecê-la a você, pois este Universo é como uma cozinha bem abastecida, com todos os ingredientes possíveis e imagináveis à sua disposição.

Se você não conseguir saber o que deseja, não será capaz de saber o que não deseja. E, sem saber o que não deseja, não poderá saber o que deseja. Por isso, é nas experiências de vida que suas preferências naturais têm origem. Na verdade, essas preferências estão irradiando de você todos os dias, em muitos níveis do seu Ser. Até mesmo as células do seu corpo têm sua própria experiência e emanam suas próprias preferências. E cada preferência é reconhecida pela Fonte e imediatamente respondida, sem exceções.

O indesejado deve ser permitido para que o desejado seja recebido

Às vezes, nossos amigos em estado físico expressam o desejo por um Universo onde não haja tantas coisas indesejadas, um lugar onde mais coisas sejam exatamente como eles gostariam que fossem. Sempre explicamos que vocês não nasceram nessa experiência física para reduzir tudo a um punhado de boas ideias aceitas por todos, pois isso levaria à finalização, o que não pode ser. Este é um

Universo em expansão, e todas as coisas devem ser permitidas. Por isso, insistimos para que você entenda e experimente o que deseja, pois só assim compreenderá o que não deseja.

Você não veio para consertar um mundo defeituoso

Quando você, com entusiasmo, tomou a decisão de nascer nesse corpo físico e criar dessa forma, você viu este mundo físico como um ambiente criador no qual você (e qualquer outra pessoa) poderia se expressar criativamente. Você não veio para tentar convencer os outros a parar de fazer o que estavam fazendo e passar a fazer outra coisa. Você veio sabendo o valor do contraste e do equilíbrio na variedade.

Todo Ser físico é seu parceiro na cocriação. Se vocês aceitarem isso e usufruírem a diversidade de crenças e desejos, todos terão experiências mais expansivas, satisfatórias e gratificantes.

Não coloque esses ingredientes indesejados na sua torta

Imagine-se como o chef de uma cozinha extremamente bem abastecida, com todos os ingredientes possíveis e imagináveis. Digamos que você tem uma ideia clara do prato que deseja criar e sabe como combinar os ingredientes para realizar seu desejo.

Alguns dos ingredientes nessa cozinha bem abastecida combinam com a sua criação, outros, não. Mas, mesmo sabendo que a adição de alguns desses ingredientes arruinaria a sua torta, você não sente necessidade de afastá-los nem de bani-los da cozinha, porque entende que eles só irão para a sua torta se você os colocar. Por isso, a presença deles não o preocupa.

Você simplesmente utiliza apenas os ingredientes que *irão* melhorar a sua criação, deixando de fora os que não são apropriados.

Há espaço suficiente para todos os pensamentos e experiências diferentes

A partir da enorme variedade de experiências, crenças e desejos que existem entre as pessoas do seu mundo, você não sentiu necessidade de eliminar ou controlar algumas delas. *Você entendeu que há espaço suficiente neste Universo em expansão para todas as formas de pensamentos e experiências. Você pretendeu exercer deliberadamente o controle criador em suas experiências de vida, mas não teve a intenção de tentar controlar as criações dos outros.*

Em vez de assustá-lo, a variedade o inspirou, pois você sabia que era o criador de sua própria experiência. Entendeu que a sua exposição à variedade inspiraria outras direções dentro de você. Compreendeu que outras pessoas poderiam escolher coisas diferentes, mas que isso não faria com que você estivesse certo e elas erradas, ou vice-versa. Você entendeu o valor da diversidade.

Este é o processo de expansão do seu Universo

Seus desejos ou preferências nascem da variedade ou do contraste. No momento em que a sua preferência passa a existir, ela atrai para si, segundo a *Lei da Atração*, a essência daquilo que combina com ela. Começa então uma expansão imediata.

Quando você presta atenção na sua forma de sentir e continua a escolher pensamentos positivos voltados para aquilo que prefere, você fica alinhado com o objeto de seu desejo. Isso faz com que ele apareça em sua experiência – você acabou de criar aquilo que desejava. Ao obter concretamente aquilo que deseja, há uma mudança nas suas características vibráteis e você entra em um conjunto de novas circunstâncias que voltarão a inspirar novas preferências dentro de você, fazendo emanar novas centelhas de desejo.

O processo prossegue indefinidamente. O novo desejo também começa a atrair vibratilmente para si e também se expande. Você presta atenção na sua forma de *sentir* e escolhe pensamentos positivos sobre o objeto do seu desejo, alinhando-se vibratilmente com ele e fazendo-o aparecer em sua experiência. E assim por diante... É dessa forma que o Universo se expande, e é por esse motivo que você está na liderança da expansão.

Você nunca chegará lá, por isso aproveite a viagem

Quando observar conscientemente como cada nova conquista leva a um novo desejo, você começará a entender seu papel neste Universo em expansão. Quando aceitar a ideia de que é um Ser eterno, de que os desejos nunca irão parar de fluir e de que qualquer desejo que nasça tem o poder de atrair (pela *Lei da Atração*) tudo o que é necessário para a expansão e a realização de você mesmo, talvez lembre do imenso Bem-Estar sobre o qual o Universo se fundamenta e possa relaxar com a natureza eterna do seu próprio Ser. Só então começará a aproveitar a viagem.

Se a sua meta é, no final, obter tudo o que deseja, você descobrirá que nunca será capaz de alcançar esse objetivo, pois a natureza em expansão do Universo onde você vive se opõe a essa ideia. *Você nunca conseguirá isso, porque nunca poderá interromper o fluxo constante de desejos que nascem da sua consciência, sempre exigindo outra resposta.*

Sua natureza eterna é de expansão, e nessa expansão se encontra o potencial para uma alegria indescritível.

Como todo pedido é concedido, não há competição

Cada ponto de vista é importante; cada solicitação é concedida; e, à medida que este Universo incrível se expande infalivelmente, os recursos universais para atender a essas solicitações não se esgotam. Assim como não se esgotam as respostas para o infinito fluxo de pedidos. Por esse motivo, não há competição.

Assim como não é possível outra pessoa receber os recursos que lhe foram destinados, você não pode egoisticamente desperdiçar recursos destinados aos outros. Todos os desejos são respondidos; todas as solicitações são concedidas; e ninguém fica sem resposta, sem amor, ou insatisfeito. Quando você está alinhado com sua Energia Essencial, você sempre vence, e não é necessário que outra pessoa perca para você ganhar. Sempre há o suficiente para todos.

Às vezes nossos amigos no estado físico sofrem por passarem privações ou por verem isso acontecer na vida de outras pessoas. No entanto, o que eles testemunham não é uma evidência de escassez ou de falta de recursos. O que acontece é que os recursos solicitados e respondidos foram rejeitados. A Etapa 1 ocorreu: o pedido foi feito. A Etapa 2 ocorreu: as respostas foram dadas. Mas a Etapa 3 – a permissão – não ocorreu.

Se alguém não está recebendo o que pediu, não é por haver escassez de recursos. Só pode ser porque a pessoa que formulou o desejo não está alinhada com a sua própria solicitação. Não existe escassez. Não existe falta. Não existe competição por recursos. Só existe a permissão ou a rejeição do que você está pedindo e recebendo.

Capítulo 15

Onde você está e onde gostaria de estar?

Você conhece o sistema de navegação GPS que alguns carros possuem? Uma antena no teto envia um sinal para satélites no espaço, que determinam a localização do veículo. Você insere o destino desejado e o computador calcula a rota entre onde você está e onde deseja ir. O monitor informa a distância a percorrer e recomenda a melhor rota a seguir. Durante o trajeto, o sistema lhe fornece (em áudio ou por escrito) instruções específicas para levá-lo ao seu destino.

Suas emoções lhe fornecem um sistema de orientação semelhante, pois a principal função delas é ajudá-lo a percorrer a distância de onde você está até onde deseja estar. É essencial saber onde você está em relação ao lugar aonde deseja ir para tomar qualquer decisão sobre o trajeto.

Você está rodeado de muitas influências em seu ambiente físico. Muitas vezes as pessoas pedem ou insistem para que você se comporte de modo diferente, a fim de atender o interesse delas. Você é soterrado por uma avalanche de leis, regras e expectativas impostas por terceiros, e quase todo mundo parece ter uma opinião sobre como você deve se comportar. Lembre-se de uma coisa fundamental: não será possível manter o rumo se você estiver usando esse tipo de influência externa para orientá-lo.

Geralmente, você lida com as situações numa tentativa de satisfazer outras pessoas. Mas acaba descobrindo que, por mais que tente, não conseguirá se mover de modo consistente em nenhuma direção satisfatória. Assim, não agradará nem às outras pessoas nem a você mesmo. Quando está sendo levado para tantas direções diferentes, é comum perder-se no caminho rumo ao seu destino.

O maior presente que você pode dar é a sua felicidade

O maior presente que você pode dar a outra pessoa é a sua própria felicidade, pois, quando se encontra em um estado de alegria e bem-estar, você está totalmente conectado com o Fluxo de Energia Essencial pura e positiva. Nesse estado de conexão, qualquer coisa ou qualquer pessoa a quem você dirija a sua atenção se beneficia com ela.

Geralmente, as pessoas que não entendem que também têm acesso ao fluxo sofrem por não se sentirem bem e pedem que você se comporte de uma forma que – elas acreditam – as fará se sentir melhor. Agindo assim, não só elas o mantêm em uma situação desconfortável como tentam responsabilizá-lo pela alegria ou sofrimento delas, colocando-se em posição de dependência. Como não podem controlar o comportamento dos outros, e como esse controle é necessário para a felicidade delas, estão sempre insatisfeitas.

Lembre-se: a sua felicidade não depende do que os outros fazem, mas do seu equilíbrio vibrátil. E a felicidade dos outros não depende de você, apenas do equilíbrio vibrátil *deles*.

Cada pensamento o leva para mais perto ou mais longe de San Diego

Assim como é fácil para você constatar que fez uma viagem bem-sucedida de Phoenix a San Diego, também será fácil constatar uma viagem bem-sucedida da insegurança à estabilidade financeira, da doença à saúde, da confusão à clareza, etc. Na sua viagem de Phoenix a San Diego não haverá grandes surpresas, pois você conhece a distância entre as duas cidades, sabe qual o caminho que deve tomar e entende que qualquer movimento na direção errada prejudicará seu sucesso. Mas, depois que compreender seu *Sistema de Orientação Emocional*, você também sentirá, a cada pensamento que oferecer, se está se aproximando ou se afastando do resultado desejado.

Se estiver usando qualquer influência externa como fonte de orientação, você se perderá e sairá do caminho, pois ninguém percebe tão bem quanto você a distância entre onde está e onde deseja estar. Mesmo que os outros não consigam compreender os seus desejos claramente, eles continuarão a querer impor sua própria vontade. Por isso é tão importante prestar atenção à sua forma de *sentir*: só assim você poderá se guiar de forma constante rumo às suas próprias metas.

Por que dizer não significa dizer sim?

Seu Universo vibrátil está baseado na *Lei da Atração*. Isso significa que ele gira em torno da inclusão. Quando você concentra sua atenção em algo que deseja e diz *sim* a ele, você o está incluindo na sua vibração. Mas, quando você se concentra em algo que não deseja e diz *não*, você também o está incluindo na sua vibração. A única maneira de não o incluir é não lhe dar qualquer atenção. Você não pode excluir nada a que esteja dando atenção, porque é a sua atenção que o inclui na sua vibração – sempre, sem exceções.

Capítulo 16

Você pode mudar sua frequência vibrátil gradualmente

Decidir encontrar um pensamento diferente não significa necessariamente que você conseguirá ir diretamente para ele. *É claro que não existe pensamento que você não possa ter – assim como não existe lugar ao qual não possa chegar a partir de onde está –, mas você não consegue saltar, num piscar de olhos, para um pensamento cuja frequência vibrátil seja diferente dos pensamentos que você normalmente tem.*

De vez em quando, um amigo que consegue ter mais pensamentos positivos poderá incentivá-lo a parar de pensar negativamente e a escolher pensamentos positivos. Mas o fato de seu amigo estar numa situação mais favorável não significa que ele é capaz de puxar você para lá, pois a *Lei da Atração* não permitirá que você encontre uma frequência vibrátil distante da sua frequência habitual. E, mesmo que queira sentir-se melhor, talvez não consiga encontrar o pensamento alegre que o seu amigo deseja que você encontre. Mas não desanime: você será capaz finalmente de encontrar esse pensamento. Procure mudar intencional e gradualmente sua frequência vibrátil, e você conseguirá manter essa posição positiva depois de alcançá-la. Mas preste atenção: nós falamos *intencional e gradualmente. Com persistência.*

Abra-se para os pensamentos positivos a que você tem acesso

A escolha de um pensamento diferente sempre produzirá uma resposta emocional diferente. Você poderia dizer: "Vou escolher intencionalmente meus pensamentos para poder me sentir melhor." Essa seria uma boa decisão, mas existe outra melhor e mais fácil: "Quero me sentir bem e por isso vou escolher um pensamento que *faça* com que eu me sinta bem."

Se você decidir "ir em busca da sua felicidade", mas estiver pensando em uma situação de vida problemática, sua decisão não será bem-sucedida, porque a Lei da Atração não pode atrair um pensamento com tanta diferença vibrátil. Mas, se decidir *abrir-se para os pensamentos positivos aos quais tem acesso*, isso poderá ser facilmente alcançado.

O segredo para subir na *escala emocional vibrátil* é ter completa consciência da sua forma de sentir, pois, se você não souber como se sente, não será capaz de compreender em que direção está seguindo. Talvez você esteja indo e voltando de Phoenix sem se dar conta.

Mas, se tiver paciência para descobrir a emoção que está experimentando em determinado momento, qualquer melhora no seu sentimento significa que você está progredindo rumo à sua meta. Em contrapartida, qualquer intensificação da emoção negativa significa que você está tomando a direção errada.

Por isso, uma boa forma de sentir que está subindo na escala emocional vibrátil é experimentar o sentimento de alívio que vem quando você se liberta de um pensamento mais resistente e o substitui por um pensamento mais permissivo. Quanto mais acolher o Fluxo do Bem-Estar, que está sempre fluindo, melhor se sentirá. Quanto mais resistir, pior se sentirá.

Capítulo 17

Só você pode saber como se sente

Quando você espera alguma coisa, ela está a caminho. Quando acredita em algo, ele está a caminho. Quando teme algo, ele está a caminho.

Seu estado de espírito está sempre revelando o que está a caminho. Não pense que, só porque acumulou pensamentos, crenças, atitudes e estados de espírito negativos durante a vida, você não pode mudá-los. *Você controla a criação de sua própria experiência.* Se prestar atenção ao seu *Sistema de Orientação Emocional*, você poderá modificar seu ponto de atração.

Não existe situação tão grave que você não possa reverter escolhendo pensamentos diferentes. Mas a escolha de pensamentos diferentes requer concentração e prática. Se você continuar a se concentrar como antes, a pensar como antes, a acreditar como antes, nada irá mudar na sua vida.

A vida está sempre em movimento, por isso você não pode ficar "empacado"

De vez em quando, nossos amigos no estado físico dizem: "Fiquei empacado! Já estou aqui há tempo demais e não consigo sair."

Nós sempre explicamos que não é possível ficar parado ou empacado, porque a Energia – e, portanto, a vida – está sempre em movimento. As coisas estão sempre mudando.

Mas mesmo assim você pode achar que está empacado, porque continua a ter os mesmos pensamentos. As coisas estão de fato mudando, *mas mudando para o mesmo, repetidamente.*

Se você quiser mudar para coisas diferentes, deve ter pensamentos diferentes. E isso requer simplesmente que você encontre formas novas de abordar assuntos antigos.

As outras pessoas não podem entender seus desejos ou sentimentos

Geralmente, as outras pessoas estão ansiosas para guiar você. Há um número infinito de pessoas com um número infinito de opiniões, regras, requisitos e sugestões sobre como você deve levar a vida. Mas nenhuma delas é capaz de considerar a única coisa realmente importante na realização de seus desejos: *os outros não podem entender o conteúdo vibrátil de seus desejos nem podem entender o conteúdo vibrátil do lugar onde você está. Por isso, eles não estão preparados de forma alguma para guiá-lo. Mesmo que tenham a melhor das intenções e desejem o seu Bem-Estar do fundo do coração, eles não sabem. E, mesmo que muitos deles tentem ser generosos, nunca conseguirão separar o que desejam para você do que desejam para eles mesmos.*

Ninguém sabe o que é adequado para você

Imagine que você deseje participar de um dos seminários de Abraham-Hicks sobre a *Arte da Permissão*. Você sabe quando e onde ele acontecerá e programou-se para estar presente. Assim, com relativa calma, toma as decisões que considera mais adequadas.

Você examina a lista de aproximadamente 50 seminários que serão oferecidos durante o ano seguinte e escolhe o dia e o local de sua conveniência. Percebe que um dos seminários será realizado na cidade onde mora, mas, como já tem outro compromisso, nessa data, você procura uma alternativa. Encontra então uma data que *coincide* com seu tempo livre, procura um seminário na programação e descobre um que se realizará em uma cidade que você sempre quis visitar. Assim, você liga para a Abraham-Hicks Publications e compra seu ingresso para o seminário.

Como você não mora na cidade onde ocorrerá o seminário, sabe que precisará reservar hotel e transporte. Levando em consideração seus desejos e necessidades, você faz diversos planos. Decide viajar de avião para economizar tempo e escolhe um hotel a algumas quadras do local do seminário, porque você é membro do programa de bonificação dessa rede de hotéis e poderá conseguir uma taxa melhor. Além disso, você prefere o tipo de colchão utilizado por essa cadeia de hotéis.

Quando chega à cidade do seminário, aluga um carro na sua locadora favorita. A caminho do hotel, você para em um restaurante que parece atraente e que está dentro do seu orçamento. Você cuidou muito bem de si mesmo. Na verdade, você se organizou para passar momentos agradáveis.

Mas o que aconteceria se a Abraham-Hicks Publications tivesse decidido que, com sua vasta experiência em seminários, estava mais capacitada a fazer planos para você?

Ela supõe, baseada no seu endereço, que você preferiria participar do seminário que se realizará na sua própria cidade e por isso o inscreve nele. Ao saber que você já tem um compromisso nesse dia, ela adapta a decisão e lhe envia um ingresso para o seminário na cidade de sua preferência.

De forma semelhante, ao escolher a companhia aérea, a locadora em que você irá alugar o carro, o hotel em que dormirá e o restaurante em que comerá, dificilmente as opções escolhidas por ela lhe agradarão. Você tem muito mais capacidade de tomar essas decisões sozinho.

*Quando você lembra que todos os que pedem são atendidos, percebe como é maravilhoso e adequado fazer **você mesmo** as suas escolhas, pois o Universo funciona de maneira muito mais eficiente sem um intermediário decidindo por você. Só você sabe o que é melhor para você mesmo, ninguém mais. Repito: é você quem sabe o que é melhor para você.*

Capítulo 18

Tentar impedir a liberdade de alguém pode custar a sua liberdade

Quando você sabe que quer uma coisa e percebe que não a tem imagina logo que algo alheio à sua vontade está mantendo aquilo afastado de você. Não é verdade. Só o que impede você de conseguir algo que deseja é o fato de seu hábito de pensamento ser diferente do seu desejo.

Quando tomar consciência do poder de seus pensamentos e da sua capacidade de permitir as coisas que deseja, você assumirá o controle que cria sua experiência. Mas, se você se concentrar sobretudo nos *resultados* dos seus pensamentos, em vez de *sentir* o caminho dos seus pensamentos, será fácil perder o rumo.

Coisas indesejadas não podem entrar na sua vida sem serem convidadas

Você nunca se livrará do medo de experiências indesejadas tentando controlar o comportamento ou os desejos das outras pessoas. Você só conquistará a liberdade quando ajustar seu ponto de atração vibrátil.

Se não conhecer a *Lei da Atração* e não tomar consciência do que está fazendo com o seu ponto de atração vibrátil, você passará a tentar controlar as circunstâncias externas. Mas você *não pode* controlar as diversas circunstâncias que o rodeiam. Só depois de aprender o que é a *Lei da Atração* e tomar consciência das emoções provocadas por seus pensamentos é que você deixará de sentir medo das coisas indesejadas que possam entrar na sua vida. Você entenderá que nada pode entrar na sua experiência sem o seu convite. Como você vive neste Universo baseado em atração, se *não* entrar em harmonia vibrátil com o indesejado, ele não poderá vir até você.

Mais uma vez: suas emoções lhe dizem tudo o que você precisa saber sobre a sua conexão com a Energia Essencial. Elas lhe revelam a quantidade de Energia Essencial que você está atraindo em resposta ao seu desejo focalizado e lhe dizem se, neste momento de pensamento e emoção, você está em alinhamento vibrátil com o seu desejo.

Foi a velocidade em que você estava ou foi a árvore?

Se você estivesse dirigindo a 160 km/h e batesse em uma árvore, sofreria um grave acidente. Entretanto, se você batesse na mesma árvore com o veículo a apenas 8 km/h, o resultado seria totalmente diferente. A velocidade do carro é como o poder do seu desejo. Em outras palavras, quanto mais você deseja algo ou quanto mais tempo leva se concentrando no seu desejo, mais rápido a Energia se move. A árvore, na nossa analogia, representa a resistência ou os pensamentos contraditórios que podem estar presentes.

Não é agradável bater em árvores, assim como não é agradável manter desejos poderosos no meio de uma grande resistência. Alguns tentam corrigir a instabilidade diminuindo a velocidade do veículo. Ou seja, eles negam o próprio desejo ou tentam liberá-lo a qualquer custo. No entanto, a melhor solução seria reduzir o nível de resistência.

O Universo inteiro existe para inspirar seu próximo desejo. Por isso, se você tenta evitar seu desejo, está contrariando as Forças Universais. Mesmo se for capaz de suprimir um desejo de vez em quando, mais desejos estarão continuamente se desenvolvendo no seu interior, pois você veio ao mundo neste corpo e neste ambiente maravilhosos com a clara intenção de concentrar a Energia que cria mundos. Sendo assim, nada no Universo inteiro é mais natural do que o *seu* desejo contínuo.

Por trás de cada desejo está o desejo de sentir-se bem

Só existe uma razão para que um desejo seja mantido: quando a pessoa acredita que se sentirá melhor ao realizá-lo. Seja um objeto material, um estado físico, um relacionamento, uma situação ou uma circunstância – no fundo de cada desejo está o desejo de sentir-se bem. Por isso, o padrão de sucesso na vida não são as coisas ou o dinheiro. O padrão de sucesso é, com certeza, o grau de alegria que você sente.

A base da vida é a liberdade, e o resultado da vida é a expansão, mas a finalidade de sua vida é a alegria. É por isso que o mais importante não é a manifestação concreta do desejo, mas o que você *sente* no momento. Você quis entrar neste Universo para definir o que desejava, para conectar-se com a Energia que cria mundos e para fazê-la fluir na direção dos objetos do seu desejo. Não porque esses objetos sejam importantes, mas porque o ato de fluir a Energia é essencial para a vida.

Na sua admiração, você não oferece nenhuma resistência

Lembre-se de novo: você é uma extensão da Energia Essencial, e quando permite a conexão total com a sua Fonte você se sente bem. Da mesma forma, quando rejeita a conexão, não se sente tão bem. Você é Energia pura e positiva. Você é amor. Você espera coisas boas. Você se respeita e se ama. Você respeita e ama as outras pessoas – você é um admirador nato.

Admiração e amor-próprio são os valores mais importantes que você pode cultivar. *De tudo o que já testemunhamos em qualquer ponto do Universo, admirar as outras pessoas e a si mesmo é o correspondente vibrátil mais próximo da Energia Essencial.* Ao admirar, você não oferece nenhuma resistência a quem você realmente é, e por isso experimenta sentimentos de amor e alegria. Você se sente muito bem.

Mas, se você criticar alguém ou achar defeitos em si mesmo, o sentimento resultante não será bom, porque a vibração do pensamento de crítica é muito diferente da vibração da sua Fonte. Em outras palavras, por escolher um pensamento que não combina com quem você realmente é, as emoções que irão surgir denunciam a falta de harmonia da sua escolha.

Sua avó que o adora e admira lhe diz como você é maravilhoso. Essas palavras lhe soam muito bem porque fazem você se conectar com quem realmente é. Mas, se um professor ou um conhecido o critica por alguma atitude, você se sente mal, porque está sendo influenciado para um pensamento não sintonizado com quem você realmente é.

Suas emoções lhe dirão, em todos os momentos, se você está permitindo ou não a sua conexão com quem você é. Quando você permite a conexão, progride. Quando não a permite, deixa de progredir.

Você deve ser egoísta o suficiente para alinhar-se com o seu Bem-Estar

De vez em quando, alguém nos acusa de ensinar o egoísmo. Nós concordamos. De fato, nós ensinamos o egoísmo, pois, se você não for egoísta o suficiente para alinhar-se intencionalmente com a Energia da sua Fonte, não será capaz de dar-se ou de dar algo aos outros.

Alguns se preocupam: "Se eu conseguir aquilo que desejo egoisticamente, não o estarei tirando injustamente de outras pessoas?" Mas essa preocupação se baseia numa concepção errada: a de que existe um limite de abundância disponível. As pessoas acham que, se comerem demais da torta, os outros ficarão sem nada. Mas, na realidade, *a torta se expande na razão direta das solicitações vibráteis de todos vocês.*

Você não diria: "Eu me sinto culpado por desfrutar de boa saúde. Por isso decidi ficar doente nas próximas duas semanas para permitir que um doente possa usar a minha parcela de saúde." Você entende que não é por estar saudável que os outros não podem também estar.

Alguns temem que uma pessoa egoísta prejudique intencionalmente uma outra. Mas quem está conectado com a Energia Essencial não é capaz de desejar o mal de outra pessoa, porque essas vibrações não são compatíveis.

Quero que entenda que o supremo ato de egoísmo é conectar-se com o Eu. Quando faz isso, você é Energia pura e positiva concentrada no seu corpo físico.

Se todos no planeta estivessem conectados à Energia Essencial, não haveria agressão, pois não existiria inveja, insegurança ou competição. Se todos entendessem o poder do próprio Ser, não tentariam controlar os outros. Qualquer sentimento de insegurança e ódio nasce da sua desconexão com quem você é. Sua conexão – egoísta – com o Bem-Estar só traz Bem-Estar.

Sobretudo, queremos que compreenda que você não depende da avaliação ou do julgamento dos outros para poder viver uma experiência maravilhosa. Quando lembrar quem você é e abrir-se deliberadamente para pensamentos que o mantenham em alinhamento vibrátil com seu Ser fundamental, seu mundo também entrará em alinhamento, e o Bem-Estar estará presente em todas as áreas da sua experiência de vida.

Se você não estiver esperando, não estará permitindo

Mais uma vez: cada emoção indica quanta Energia você está atraindo por causa do seu desejo; as crenças e os pensamentos predominantes que você mantém com relação a esse desejo é que permitem que a Energia flua em maior ou menor quantidade. Se estiver sentindo uma emoção forte, seja ela positiva ou negativa, isso significa que o seu desejo está intensamente concentrado e que você está atraindo bastante Energia Essencial para o seu desejo. Quando suas emoções fortes são negativas (como depressão, medo ou raiva), você está oferecendo resistência ao seu desejo. Quando suas emoções fortes são positivas (como paixão, entusiasmo, expectativa ou amor), você não está oferecendo nenhuma resistência ao seu desejo, e por isso a Energia Essencial que você atraiu não está sendo desafiada vibratilmente – você está permitindo o desdobramento do seu desejo.

Parece óbvio que a situação criadora perfeita consiste em querer muito algo que você verdadeiramente acredita ser possível. Quando essa combinação de desejo e crença está presente em você, as coisas se desenrolam de maneira fácil e rápida na sua experiência. Mas, quando você quer algo que *não* acredita ser possível, quando mantém o desejo de algo que *não* espera, ele não se manifesta facilmente, pois você está resistindo.

Por que você iria querer estar lá?

De vez em quando uma pessoa diz: "Não estou feliz aqui onde me encontro. Preferia estar lá – lá onde meu corpo não está doente, ou lá onde não estou acima do peso, ou lá onde possuo mais dinheiro, ou lá onde tenho um relacionamento melhor."

E nós perguntamos: "Por que você iria querer estar lá?"

A resposta mais frequente é: "Porque não sou feliz aqui onde me encontro."

Então explicamos que é importante entender o que é que se chama de "lá" e tentar descobrir os sentimentos ligados ao "lá". Pois, enquanto esse "lá" tiver uma vibração confusa, será impossível chegar "lá".

Se você está acostumado a pensar e a conversar sobre o lugar onde se encontra – o aqui –, não é fácil alternar subitamente suas vibrações e começar a pensar e a sentir algo muito diferente – no caso, o "lá". Na realidade, a *Lei da Atração* diz que você não tem acesso a pensamentos e sentimentos muito distantes do lugar em que esteve vibrando recentemente. Só com algum esforço você poderá encontrar outros pensamentos. Se estiver determinado a sentir-se melhor, será capaz de encontrar pensamentos com vibrações melhores. Mas essa mudança vibrátil é normalmente um processo gradual.

Na realidade, a tentativa contínua de tentar transpor rapidamente intervalos vibráteis é a principal causa dos sentimentos de desânimo. E esses sentimentos acabam fazendo as pessoas concluírem que realmente não têm controle sobre suas próprias experiências de vida.

Capítulo 19

Você está a apenas 17 segundos dos 68 segundos da realização

Bastam apenas alguns segundos concentrando sua atenção em um assunto para você ativar a vibração desse assunto dentro de você. A *Lei da Atração* começa imediatamente a responder a essa ativação.

Quanto mais tempo você mantiver sua atenção concentrada em algo, mais fácil será continuar a se concentrar, pois, através da *Lei da Atração*, você passa a atrair outros pensamentos ou vibrações que têm a mesma essência do pensamento inicial.

Se você se concentrar durante 17 segundos em algo, uma vibração correspondente é ativada. À medida que esse foco se torna mais forte e a vibração mais clara, a *Lei da Atração* trará para você mais pensamentos que combinam com o primeiro. Nesse ponto, a vibração não terá muito poder de atração, mas, se você mantiver seu foco durante mais algum tempo, o poder da vibração se ampliará. Se conseguir ficar concentrado em qualquer pensamento durante 68 segundos, a vibração será forte o suficiente para que sua manifestação tenha início.

Se você retornar repetidamente a um pensamento, mantendo-o por pelo menos 68 segundos, esse pensamento se tornará um pensamento dominante em um curto espaço de tempo (horas em alguns casos, dias em outros). Depois de conseguir que um pensamento se torne dominante, você experimentará as manifestações correspondentes até modificá-lo.

Lembre-se de que:

- Os seus pensamentos equivalem ao seu ponto de atração.
- Você recebe o que pensa, querendo ou não.
- Os seus pensamentos equivalem à vibração, e a *Lei da Atração* responde a essa vibração.
- À medida que a sua vibração se expande e se torna mais poderosa, ela adquire um poder suficiente para que a manifestação ocorra.
- O que você pensa (e, portanto, sente) e o que se manifesta na sua experiência têm sempre uma correspondência vibrátil.

Seus pensamentos não controlados não devem ser temidos

Quando a *Lei da Atração* é entendida e aceita (o que normalmente não leva muito tempo, já que não há rigorosamente nada em seu ambiente que possa refutá-la), muitas pessoas se sentem desconfortáveis com seus próprios pensamentos. Ao examinarem o que estão pensando, ficam preocupadas com o potencial do que podem estar atraindo através de pensamentos que escapam ao seu controle. Mas não há qualquer motivo para se preocuparem com esses pensamentos. Pois, embora a *Lei da Atração* seja poderosa, a base da sua experiência é o Bem-Estar. E, mesmo que os seus pensamentos sejam irrefreáveis e se expandam quando você concentra sua atenção neles, você tem muito tempo – assim que toma consciência de qualquer sentimento negativo – para começar a escolher outros pensamentos menos resistentes e, com isso, atingir um resultado mais desejado.

Lembre-se: você pode permitir ou resistir ao Fluxo do Bem-Estar em diversos graus, mas ele sempre flui. Por isso, mesmo um pequeno esforço para escolher um pensamento positivo produzirá resultados muito claros. Ao dar esse passo e encontrar o pensamento positivo, você terá concedido a si mesmo a liberdade consciente de ir de onde está até onde deseja estar, em qualquer assunto. Quando escolher deliberadamente um pensamento e tomar consciência da melhora no seu sentimento, você saberá que utilizou com sucesso seu sistema de orientação. Estará então no caminho da liberdade que deseja e merece, pois não há nada que você não possa ser, fazer ou ter.

Capítulo 20

Os diferentes graus da sua
Escala de Orientação Emocional

Mais uma vez: suas emoções são *indicadores* da sua frequência emocional. Quando lembrar que as suas emoções indicam o seu grau de alinhamento com a Energia Essencial, e que quanto melhor você se sentir mais estará permitindo o seu alinhamento com aquilo que deseja, será mais fácil entender como responder às suas emoções.

O alinhamento absoluto com a sua Energia Essencial significa *que você sabe que é amor, que é livre, poderoso, bom, tem valor, possui uma meta, e que tudo está bem.*

Sempre que seus pensamentos fizerem você conhecer sua verdadeira natureza, você estará em alinhamento com quem realmente é. Em outras palavras, imagine uma escala com graus que indicam a posição da sua conexão com a sua Energia Essencial, desde a permissão até a resistência ao alinhamento.

Sua *Escala de Orientação Emocional* seria assim:

1. Alegria/Conhecimento/Autoconfiança/Liberdade/Amor/Admiração
2. Paixão
3. Entusiasmo/Ânsia/Felicidade
4. Crença/Expectativa positiva
5. Otimismo
6. Esperança

7. Contentamento
8. Tédio
9. Pessimismo
10. Frustração/Irritação/Impaciência
11. Sobrecarga
12. Desapontamento
13. Dúvida
14. Preocupação
15. Reprovação
16. Desânimo
17. Raiva
18. Vingança
19. Ódio/Ira
20. Inveja
21. Insegurança/Culpa/Desvalorização
22. Medo/Sofrimento/Depressão/Desespero/Impotência

Como subir conscientemente na sua Escala de Orientação Emocional

Algo aconteceu na sua vida e você se sente muito mal. Nada parece bom; é como se você estivesse sufocando, e cada pensamento causa dor. A melhor palavra para descrever essa emoção é *depressão*.

Se você pudesse desenvolver alguma atividade prazerosa, se conseguisse ter pensamentos positivos que o distraíssem, talvez se sentisse bem melhor. Mas, vibratilmente, você não tem acesso a eles neste momento. Se ainda assim se esforçasse e conseguisse ter um pensamento agradável, poderia começar a subir na *Escala de Orientação Emocional* e ficaria um pouco aliviado.

É assim que deve ser usada a sua *Escala de Orientação Emocional*: pare e tome consciência de que o pensamento escolhido *realmente* fez com que você se sentisse melhor e saísse um pouco daquela depressão sufocante. Ao reconhecer que aprimorou sua vibração, o sentimento de impotência é amenizado e você começa aos poucos a subir na *Escala de Orientação Emocional*, caminhando em direção à conexão total com quem você realmente é.

Por que a mínima melhora é tão importante

Quando você sabe conscientemente onde se encontra e onde gostaria de estar, e tem meios de entender se está ou não caminhando para a direção desejada, então nada poderá impedi-lo de chegar lá. A sensação de estar perdido e não ter controle deve-se basicamente ao fato de você não perceber para onde está direcionado. Por isso é tão importante ter plena consciência das suas emoções e do que elas indicam. Ao identificá-las, você pode deliberadamente empreender um esforço para ir se aproximando de onde realmente deseja estar.

Existem muitas palavras para descrever emoções, mas basicamente só existem duas emoções: sentir-se bem e sentir-se mal. E cada degrau galgado na escala emocional indica níveis de abertura e permissão para receber a Energia Essencial pura, positiva e poderosa. O estado máximo de conexão – representado pelos sentimentos de alegria, amor, admiração, liberdade ou conhecimento – faz você se sentir capaz, enquanto o estado máximo de desconexão – representado pelos sentimentos de desespero, sofrimento, medo ou depressão – confirma o seu sentimento de impotência.

Não despreze as pequenas melhoras, nem mesmo as mínimas. Qualquer progresso emocional significa uma retomada de controle. Sua sensação de impotência diminuirá, e você se sentirá capaz de ir empreendendo sua subida na escala emocional. Por isso, valorize suas pequenas melhoras.

O valor da raiva positiva

Imagino que você já tenha descoberto – mesmo inconscientemente – que no meio de uma vibração muito resistente (como depressão ou medo) um pensamento que causa raiva alivia a dor. Mas tantas pessoas o convenceram de que a raiva é um sentimento negativo e censurável que talvez você a rejeite e volte ao estado anterior de depressão. No entanto, quando percebe que o pensamento que lhe deu raiva também trouxe alívio, você conclui conscientemente que pode passar do pensamento de raiva para outro menos resistente (como frustração) e depois ir subindo na *Escala de Orientação Emocional* em direção ao seu alinhamento total.

Os outros não sabem se você escolheu o pensamento que causa raiva porque ele representa uma melhora. Só você sabe – pelo alívio que sente – se um pensamento é adequado ou não. Enquanto não tomar a decisão de se guiar pela sua forma de sentir, você não poderá fazer qualquer progresso constante rumo a seus desejos.

"Estou dando o melhor de mim para fazer o melhor"

Aqueles que o cercam podem aceitar melhor sua raiva se entenderem que você não tem intenção de permanecer nesse estado. Se soubessem que a raiva é uma etapa em direção a emoções que irão aumentar a conexão, teriam mais paciência com seu estado atual.

Existem pessoas que, num esforço de sobrevivência, passam da depressão para a raiva. Mas, quando se sentem desaprovadas, retornam ao sentimento de impotência e depressão.

Mesmo que você esteja se sentindo mal neste momento, o segredo para voltar a sentir-se capaz e no controle da sua vida é decidir – agora – que vai dar o melhor de si para fazer o melhor possível. Abra-se imediatamente para pensamentos positivos e persista nesse esforço. À medida que fizer isso repetidamente, em pouco tempo você se encontrará em um lugar de emoções positivas. É exatamente assim que funciona!

"Se eu posso chegar lá emocionalmente, posso chegar a qualquer lugar"

"Vou encontrar agora mesmo o pensamento positivo de que preciso. Vou tentar obter mais alívio, mais alívio, mais alívio."

Volte a examinar a *Escala de Orientação Emocional* para verificar a tendência ascendente das emoções: do medo, sofrimento, depressão, desespero e impotência à alegria, conhecimento, autoconfiança, liberdade, amor e admiração, quando se dá a conexão máxima.

Se ficar atento, com o tempo e a prática você se tornará um perito em entender o que o seu *Sistema de Orientação Emocional* está lhe dizendo. Depois que decidir abrir-se continuamente para o alívio que uma emoção melhor traz, você se surpreenderá por sentir-se bem a maior parte do tempo e por permitir que as coisas que deseja entrem na sua experiência.

É necessário tomar consciência da emoção do momento e do alívio que você experimenta à medida que se abre para pensamentos positivos. Essa será a melhor forma de ir conquistando melhoras que lhe trarão aquilo que deseja.

"Mas e aqueles que desejam não desejar?"

Já falamos disso antes, mas vale a pena repetir. Podemos descrever a sensação de *desejo* como a deliciosa consciência de novas possibilidades. Mas embora muitas pessoas usem a palavra *desejo*, elas sentem algo completamente diferente. Desejo, para elas, representa ansiedade, pois, apesar de estarem concentradas em algo que querem experimentar ou ter, também estão conscientes da sua ausência. Por isso, embora usem *palavras de desejo*, estão oferecendo uma *vibração de falta*. Quando a vibração das pessoas gira mais em torno da ausência daquilo que desejam, sem perceber elas se mantêm vibratilmente separadas de seus próprios desejos.

Alguns têm nos dito: "Abraham, me ensinaram que o melhor é

não ter desejos. Ensinaram-me que o estado de desejo impedirá que eu seja o Ser espiritual que devo ser e que o meu estado de felicidade depende da minha capacidade de liberar todos os desejos." Respondemos: *"Mas o seu estado de felicidade, ou seja, o seu estado de espiritualidade não é um desejo?"*

Estamos aqui para ajudá-lo a entender que você é o criador de sua própria experiência e que os seus desejos nascerão naturalmente da sua experiência neste Universo, neste corpo. Queremos auxiliá-lo a colocar-se em alinhamento perfeito com a Fonte para que você possa então alcançar a criação de seus desejos.

Alimente os grandes sonhos

Não se impressione com a dimensão dos seus desejos. Use a imaginação para criar qualquer sonho e alimente seus grandes sonhos com tanta frequência que eles acabarão se tornando familiares, e sua manifestação será a etapa lógica seguinte.

Por exemplo, uma mãe e sua filha adulta estavam pretendendo comprar uma casa grande em uma área agradável para nela instalarem uma pensão. A filha disse à mãe: "Se pudéssemos comprar essa casa, eu ficaria feliz pelo resto da vida. Se isso acontecesse, compensaria todas as coisas que eu quis e que não aconteceram."

Explicamos que a vibração do desejo da filha ainda não estava no lugar certo para permitir que essa experiência se concretizasse. *Quando você tem a sensação de que o seu desejo é tão grande que parece inalcançável, ele não está próximo da manifestação. Mas quando tem a impressão de que o seu desejo é a próxima etapa lógica, então ele fica à beira da manifestação.*

Ao conseguir controlar, você sentirá prazer em tudo

Você pode dizer, pelo que está sentindo, se a sua vibração está na posição de permitir que as Forças Universais realizem o seu desejo agora... ou não. Com a prática, você saberá se está perto de uma manifestação ou se ela ainda se encontra nos estágios iniciais. Mas, o mais importante: *depois que você controlar a sua forma de sentir, sentirá imenso prazer em tudo:*

- Sentirá prazer ao identificar aquilo que deseja.
- Sentirá prazer ao identificar suas emoções para saber se está em alinhamento vibrátil com o seu desejo.
- Sentirá prazer à medida que for evoluindo na escala das emoções e substituir a dúvida, o medo e a depressão por sentimentos de Bem-Estar.
- Sentirá prazer ao notar que as coisas estão começando a funcionar e adorará testemunhar as manifestações de seus desejos.
- Terá uma satisfação imensa ao tomar consciência de que você moldou intencionalmente seus desejos para ficarem tão reais quanto se você tivesse criado uma estátua de argila com as próprias mãos.

O Universo inteiro existe para produzir desejos novos e estimulantes dentro de você. Quando acompanhar o fluxo de seus desejos e se alinhar com suas vibrações, você se sentirá plenamente vivo.

Parte 2

Processos para ajudá-lo a conseguir o que você deseja

Apresentando 22 processos que comprovadamente irão aprimorar seu ponto de atração

Neste ponto do livro, você se lembra de muitas coisas que sempre soube: agora sabe que é uma extensão da Energia Essencial e que veio ao mundo neste corpo físico com o propósito de alegremente desdobrar seu pensamento em manifestações concretas.

Agora lembra que tem dentro de si um *sistema de orientação* que o ajuda a saber, o tempo todo, se está permitindo a conexão com sua Fonte.

Lembra que quanto melhor se sentir, mais estará alinhado com quem você realmente é; e quanto pior se sentir, mais rejeitará essa importante conexão.

Lembra que não há nada que não possa ser, fazer ou ter. Lembra também que se seu desejo dominante é se sentir bem e, se tentar fazer o melhor possível, deverá alcançar seu estado natural de alegria.

Lembra que é livre e que tudo que chega até você vem em resposta aos seus pensamentos.

Lembra que a *Lei da Atração* é sempre justa, pois qualquer coisa que lhe aconteça vem em resposta às vibrações que você oferece com seus pensamentos.

E, principalmente, lembra que o Bem-Estar é a base do seu mundo. Você pode permiti-lo ou resistir a ele, mas há sempre uma corrente de saúde, abundância, amor – e de todas as coisas boas que você deseja – fluindo.

E você agora lembra que não há uma Fonte do mal, ou Fonte da doença ou da falta. *Você pode permitir o Bem-Estar ou resistir a ele – mas tudo o que lhe acontece depende de você.*

Há alguma coisa que eu queira melhorar?

Todos vocês têm sempre algo na vida que querem melhorar. Algo que lhes falta, que gostariam de incluir, ou alguma coisa que não querem, da qual desejariam se libertar. Os processos que lhes ensinamos logo a seguir vão lhes ajudar a conseguir o que desejam.

Os pensamentos de resistência – que se tornaram um hábito – são as únicas coisas que sempre o impedem de permitir aquilo que deseja. É claro que você não desenvolveu esses padrões de pensamento de forma intencional, mas eles foram se formando pouco a pouco ao longo da sua jornada física. Uma coisa é bem clara: *se não fizer alguma coisa capaz de oferecer uma vibração diferente, nada poderá mudar.*

Os processos foram elaborados para, aos poucos, ajudá-lo a livrar-se de quaisquer padrões de resistência. Da mesma forma como você não desenvolveu esses padrões de uma só vez, não se libertará deles de uma vez só – mas se *libertará* deles. Processo a processo, jogo por jogo (usamos as palavras jogo e processo), dia a dia, você irá permitindo – aos poucos, mas de maneira decisiva – que seu Bem-Estar natural flua até você.

As pessoas vão se surpreender com as mudanças que começarão a acontecer com você e com a alegria que você estará irradiando. E você vai explicar, com confiança e certeza: "Encontrei uma maneira de permitir que o Bem-Estar flua. Aprendi a praticar a *arte de permitir.*"

Uma sugestão para utilizar os processos

É com imenso entusiasmo e grande expectativa que oferecemos os processos. Aconselhamos que leia cada um deles sem realizar logo a ação sugerida. Assinale os que lhe despertarem entusiasmo. Então, quando tiver tempo para aplicá-los, comece com o que mais lhe agradou.

Deixe-nos tirar as árvores do seu caminho

Lembra-se do exemplo do carro a 160 km/h batendo em uma árvore? Na nossa analogia, a velocidade do carro equivale à Energia Criativa que você está atraindo por causa do seu desejo, e a árvore equivale a seus pensamentos contraditórios ou à resistência. É comum as pessoas concluírem que a única opção é reduzir a velocidade – mas somos professores que estimulam a tirar as árvores do caminho.

Os processos aqui apresentados visam ajudar você a tirar a resistência do caminho, pois não há nada melhor do que se movimentar na vida na velocidade a que você está acostumado, mas sem obstáculos.

Deixe suas emoções o guiarem

As emoções são a chave para saber quais os melhores processos para cada pessoa em determinado momento. De modo geral, os primeiros processos serão mais adequados se você estiver se sentindo bem; caso esteja se sentindo mal, utilize os últimos.

O mais importante é saber, antes de aplicar qualquer processo, como você está se sentindo no momento – e como gostaria de se sentir. No início de cada processo mencionamos um nível emocional. Qualquer processo incluído no nível emocional em que você acredita estar no momento é o melhor para começar.

Vamos começar melhorando a maneira como nos sentimos

Alguns dos processos são orientados em direção a experiências de vida específicas, como aumentar seu Bem-Estar físico ou financeiro, mas a maioria pode ser aplicada com sucesso a qualquer situação.

Garantimos que sua vida vai melhorar com a prática desses processos, pois eles o libertarão da resistência, aprimorando seu ponto de atração. Ao fazer isso, a *Lei da Atração* vai trazer até você fatos, circunstâncias, relações, experiências, sensações e provas poderosas de que você mudou a vibração. Esta é a Lei!

Alguns vão se tornar seus processos favoritos, e você vai querer aplicá-los diariamente. Talvez nunca use todos, e certos processos poderão ser usados no início e depois abandonados. Você voltará a alguns em circunstâncias especiais.

Sabemos que os processos podem mudar sua experiência de vida de maneira positiva. Usando-os, você retornará à sua alegria natural. E, claro, irá conseguindo aos poucos tudo o que sempre desejou.

Concentrando a Energia para mudar a vibração oferecida

Quando você observa alguma coisa em seu *agora*, ou lembra uma experiência passada, está concentrando Energia. Quando imagina algo que lhe possa acontecer no futuro, também está concentrando Energia. Ao concentrar Energia, seu ponto de atenção ou foco faz você oferecer uma *vibração*, que é seu ponto de atração.

Quando você lembra, pensa ou imagina alguma coisa, ativa-se uma vibração em você. Se voltar ao pensamento, ativa novamente a vibração. Quanto mais retornar ao pensamento, mais facilmente ativará a vibração, até que finalmente ela se tornará um padrão vibrátil dominante em você. As coisas que combinam com ela começarão a surgir na sua experiência concreta.

Mais uma vez não se esqueça: para entender qual é sua oferta vibrátil, examine suas emoções. São elas que mostram constantemente como estão sua oferta vibrátil e seu ponto de atração.

Você deve estar consciente de que é um criador intencional

Será maravilhoso quando você começar a fazer a correlação entre o que está pensando e sentindo e o que está se manifestando. Quando tomar consciência disso, estará apto a modificar intencionalmente seus pensamentos, a fim de atrair algo muito mais agradável. Percebendo os sentimentos despertados a cada pensamento, é possível modificar aquele que o faz sentir-se mal para outro que o faça sentir-se bem, e assim melhorar seu ponto de atração antes que algo indesejado aconteça. *É muito mais fácil – antes que uma manifestação física indesejada apareça – mudar intencionalmente a direção do seu pensamento para algo que o faça sentir-se melhor.*

Você vai ter a satisfação de escolher intencionalmente um sentimento que o faça sentir-se bem e observar, com prazer, a manifestação positiva que virá em seguida.

Há sempre outra circunstância incontrolável quando se tenta controlar os outros

A maioria das pessoas oferece grande parte de suas vibrações de pensamento em resposta a alguma coisa que observa. Caso seja algo maravilhoso, sentem-se maravilhosas; se for algo desagradável, péssimas. Em ambos os casos, porém, não acreditam ter controle sobre os sentimentos, porque percebem que não podem controlar as circunstâncias observadas.

Muitas pessoas passam a maior parte da vida tentando controlar as circunstâncias porque acreditam que assim vão se sentir melhor. Mas é impossível controlar totalmente as ações dos outros ou as circunstâncias, por mais que se tente. Há sempre algo incontrolável.

Criação Intencional consiste em escolher pensamentos positivos

Muitos dizem: "Quando esta situação mudar, vou me sentir melhor. Quando tiver mais dinheiro, quando me mudar para uma casa melhor, arrumar um emprego melhor ou um parceiro melhor, vou me sentir melhor."

É claro que a pessoa se sente melhor com algo prazeroso. Mas a *Criação Intencional* não consiste em sentir-se melhor por causa de uma situação externa. Consiste em escolher um pensamento que cause uma sensação boa, provocando assim a mudança da situação externa. Quando você está apto a controlar seu ponto de atração escolhendo intencionalmente pensamentos positivos, as situações à sua volta têm de mudar. É o que diz a *Lei da Atração*.

A Criação Intencional muda no seu Valor de Referência Emocional

Se você está vivendo uma fase difícil, talvez não sinta qualquer alívio com os primeiros cinco ou seis processos, e valha a pena começar pelos últimos. Não fique querendo sentir-se bem logo. O importante é tomar consciência de estar experimentando um certo alívio, mesmo pequeno, e entender que ele veio em resposta a um esforço *intencional* seu. Quando for capaz de encontrar alívio, terá reconquistado a capacidade de controlar sua própria experiência e estará pronto para começar a alcançar seus desejos.

Lembre que *o objetivo de cada processo é fazê-lo baixar a resistência, encontrar alívio e melhorar seu* Valor de Referência Emocional.

Se, após alguns minutos num processo, você não se sentir bem ou melhor do que estava, interrompa-o e escolha um mais à frente.

Agora anime-se, divirta-se

Usamos as palavras *processo*, *técnica* ou *jogo* com o mesmo sentido porque, mesmo se tratando de processos poderosos que o ajudarão a conseguir qualquer coisa, você terá com eles uma relação lúdica. Encare-os como se fossem ferramentas para consertar alguma coisa quebrada. *A chave para ser bem-sucedido depende da capacidade de se libertar da resistência. Quanto mais alegre você for, menos resistência terá.*

Você começará a observar uma mudança imediata – por mínima que seja – desde o primeiro dia da aplicação dos jogos. Com mais prática, melhorará seu ponto de atração em todos os aspectos da sua vida.

Usando os processos que oferecemos neste livro, você vai deixar de ser uma pessoa que cria sua realidade inconscientemente, ou por inércia, para transformar-se em alguém que cria *intencionalmente* a própria realidade.

É com grande amor e entusiasmo que oferecemos esses processos capazes de mudar sua vida. Há muito amor aqui... para você.

Processo nº 1

Escalada da Contemplação

Use esse processo:

- Quando quiser melhorar seu estado de espírito.
- Quando quiser melhorar seu relacionamento com alguém ou com alguma coisa.
- Quando quiser manter ou melhorar seu sentimento positivo atual.
- Quando estiver dirigindo, caminhando, parado numa fila e quiser fazer alguma coisa produtiva em termos de criação.
- Quando houver alguma coisa na sua linha de visão que possa levá-lo a ter emoções negativas e você quiser manter o controle de sua vibração.
- Quando seus pensamentos ou as palavras de alguém forem numa direção potencialmente negativa e você quiser controlar a direção do assunto.
- Quando se der conta de estar experimentando emoções negativas e quiser mudar a maneira de sentir.

Escala de Valor de Referência Emocional atual

O processo de *Escalada da Contemplação* lhe trará mais benefícios quando seu *Valor de Referência Emocional* estiver entre os seguintes sentimentos:

(1) Alegria/Conhecimento/Autoconfiança/Liberdade/Amor/ Admiração e

(5) Otimismo

(Se não tiver certeza de qual é seu *Valor de Referência Emocional* atual, volte ao capítulo 20 e examine as 22 categorias da *Escala de Orientação Emocional*.)

Digamos que você está sentindo expectativa positiva que se encontra no nível 4 da *Escala de Referência Emocional*. Esse processo seria dos mais valiosos para você neste momento.

Esse jogo pode ser usado em qualquer lugar e a qualquer hora, porque é de fácil execução. Basta dirigir pensamentos agradáveis para a sua mente. Se escrever esses pensamentos, será ainda melhor. Mas não é necessário.

Comece olhando à sua volta e concentre-se em alguma coisa que lhe agrade. Tente manter a atenção nesse objeto que lhe dá prazer. Concentrando-se nele por mais tempo, seu pensamento positivo vai aumentar.

Tome então consciência de que seu sentimento melhorou e usufrua essa melhora. Olhe em volta e escolha outro objeto que lhe agrade para concentrar sua atenção positiva.

Escolha deliberadamente objetos que o façam sentir-se bem. Quanto mais se concentrar neles, mais fácil será manter as frequências vibráteis positivas. Quanto mais tempo mantiver essas frequências, mais a *Lei da Atração* vai levar até você pensamentos, experiências, pessoas e coisas que combinem com a vibração praticada.

Mantenha ao longo do dia a intenção de concentrar-se em coisas que lhe dão prazer. Assim, você estará praticando uma vibração de menos resistência e tornando mais forte sua conexão com sua própria Energia Essencial.

Esse processo também vai ajudá-lo a receber orientação ainda mais clara do seu Eu Interior.

Quanto mais desenvolver a prática de apreciar algo agradável, menos resistência oferecerá em suas frequências vibráteis. Oferecendo menos resistência, melhor será sua vida. A sensação de prazer aumentará de tal forma que, cada vez que voltar a um padrão negativo de pensamento que cause resistência na sua vibração, você logo vai sentir e procurará mudá-lo. Aos poucos será invadido por uma alegria decorrente do seu alinhamento com quem você realmente é.

Nessa vibração maravilhosa, onde a resistência não existe, você estará num estado extremo de *permissão* em que as coisas que deseja podem fluir facilmente para sua experiência.

Se você for sentindo um crescente bem-estar, continue com o processo pelo tempo que quiser. Mas, se não se sentir bem – se o processo o aborrecer de alguma forma –, pare e escolha outro.

Quando você consegue apreciar o que o cerca, não há resistência na sua vibração. E lembre-se: é apenas sua resistência que o mantém afastado de qualquer coisa que deseje.

Seria bom reservar de 10 a 15 minutos por dia para esse processo. Aos poucos, você irá repeti-lo diversas vezes ao dia, em diversas situações, apenas pelo prazer que ele proporciona.

Pare um instante e olhe em volta de si. Há retratos de pessoas que você ama. Contemple cada um deles, sorrindo e apreciando. Pense no que essas pessoas representam em sua vida, lembre-se de experiências felizes com elas. Sinta o conforto da poltrona em que está sentado, da textura da roupa que está usando. Olhe para fora e, se houver uma árvore florida, contemple-a e usufrua cada detalhe. O céu está azul? Há pássaros voando? Quais são as coisas boas e bonitas que estão sempre à sua frente mas que passam despercebidas? Recorde uma cena especialmente tocante de um filme que viu. Pense numa história de solidariedade, de doação; planeje uma viagem ideal. São inúmeras as possibilidades em qualquer lugar onde você esteja, mesmo numa fila de banco, até num engarrafamento de trânsito. Fique atento para a escolha daquilo que contempla e das coisas em que pensa.

Abraham, fale-nos mais sobre a Escalada da Contemplação

Sempre que você aprecia alguma coisa, elogia algo ou se sente bem com um acontecimento, está dizendo ao Universo: "Um pouco mais disso, por favor." Não é necessário expressar verbalmente. Se você contempla e aprecia na maior parte do tempo, todas as coisas boas fluirão para você.

Muitas vezes nos perguntam: *Amor não é uma palavra maior do que* **admiração**? *O* **amor** *não descreve melhor a Energia Não Física?* Respondemos que *amor* e *admiração* são na verdade a mesma vibração. Alguns usam a palavra *gratidão* ou *reconhecimento*, mas todas essas palavras descrevem o Bem-Estar.

Quando admira algo e aquilo lhe dá prazer, você sente gratidão e reconhecimento. Sua capacidade de admirar se amplia e vai atraindo novos objetos de admiração. Dessa forma acaba experimentando a *Escalada da Contemplação.*

Você não pode controlar o que os outros sentem

É difícil admirar pessoas infelizes, intratáveis, desiludidas ou sofridas que lhe dirigem sua emoção negativa. Não se culpe por isso, pois é impossível sentir-se bem diante de alguma coisa de que você não goste. Procure coisas que o façam sentir-se bem, e assim a *Lei da Atração* lhe trará mais coisas do mesmo tipo.

Tente não agir em função do que os outros pensam a seu respeito. Ao fazer isso, você perde o controle. Consulte *seu* sentimento e *seu* desejo para poder exercer o controle e fazer suas *próprias* escolhas.

Ao decidir que nada é mais importante do que se sentir bem e resolver que vai conscientemente procurar coisas para admirar, você estabelece um circuito entre você e os objetos da admiração. A Lei da Atração passará a funcionar imediatamente, e você começará a procurar mais coisas para admirar.

Lembre-se: a admiração é a forma mais fácil e rápida de conectar-se com a Energia Não Física. Se você realmente desejar essa conexão, encontrará dezenas de maneiras de deixar fluir sua admiração.

Quando perceber que está perturbado com o julgamento alheio, volte a concentrar-se na admiração, deixe que ela flua *através* de você.

Quanto mais perceber o que *não* quer, seu desejo em relação ao que realmente *quer* irá se tornando mais claro. Você agora passou a ser o criador ativo.

Para a vida, não interessa o amanhã, mas o agora. Para a vida, importa como você está moldando a Energia neste momento!

Processo nº 2

Caixa de Criação Mágica

Use esse processo:

- Quando seu estado de espírito pedir uma atividade agradável que concentre a Energia criativa em suas preferências pessoais.
- Quando quiser dar ao Gerente Universal informações mais específicas sobre detalhes de coisas que lhe agradam.

Escala de Valor de Referência Emocional atual

O processo de *Caixa de Criação Mágica* lhe trará mais benefícios quando seu *Valor de Referência Emocional* estiver entre:

(1) Alegria/Conhecimento/Autoconfiança/Liberdade/Amor/Admiração e

(5) Otimismo

(Se não tiver certeza de qual é seu *Valor de Referência Emocional* atual, volte ao capítulo 20 e examine as 22 categorias da *Escala de Orientação Emocional.*)

Se o que você está sentindo se encontra entre (1) Alegria e (5) Otimismo, o processo da *Caixa de Criação Mágica* será dos mais valiosos.

Para iniciá-lo, escolha uma caixa bem bonita. Escreva na tampa: *Tudo o que está nesta caixa existe!*

Junte revistas, catálogos, folhetos e prazerosamente escolha o que gostaria de incluir na sua experiência. Recorte imagens de tudo que ilustre seus desejos: móveis, roupas, paisagens, construções, destinos de viagem, carros, imagens de características físicas, fotos de pessoas interagindo. Recorte o que quiser e ponha na sua *caixa de criação*. Ao fazê-lo, diga: *Tudo o que está nesta caixa existe!*

Em qualquer lugar onde esteja, junte figuras e as coloque na caixa quando voltar para casa. Se presenciar ou pensar em alguma coisa que gostaria de experimentar, escreva uma descrição e coloque na caixa.

Quanto mais coisas colocar na caixa, mais o Universo fará chegar até você ideias que combinem com elas. Quanto mais ideias colocar em sua caixa, mais estará concentrando o seu desejo. Quanto mais seu desejo estiver concentrado, mais vivo você vai se sentir.

Se você não resiste – se acha de fato que pode alcançar essas coisas –, a experiência será revigorante. Quanto mais recortes juntar, melhor vai se sentir e vai começar a ver a concretização do seu desejo chegando cada vez mais perto. Portas vão começar a se abrir para possibilitar que muitas dessas coisas facilmente cheguem até você, porque seu *pedido* estará concentrado. *Você pede, a Fonte responde, você deixa entrar.*

Abraham, fale-nos mais sobre a Caixa de Criação Mágica

A *Caixa de Criação Mágica* pode ser um jogo apenas mental, mas será muito mais divertido se realmente você colocar em uma caixa coisas que representem seus desejos. Começará a perceber que quando coloca alguma coisa na caixa de criação não existe resistência, e o Universo vai levar as coisas até você com mais rapidez. Aquilo que for colocado com alguma resistência levará mais tempo para chegar.

Quando visualizar, terá o controle criativo completo

Esse processo pode lhe parecer fantasioso, mas tenha certeza de que é poderoso, porque vai aumentar sua capacidade de visualizar. A maioria das pessoas oferece vibrações em resposta ao que observam, mas nisso não há qualquer controle criativo. O controle criativo só vem quando se oferece um pensamento *intencional* – e, quando você visualiza, tem o controle completo.

Ao voltar com Jerry de Nova York para casa, Esther jogou a *Caixa de Criação Mágica*. Arrumando as malas, antes de ir para o aeroporto, colocou *mentalmente* coisas em sua caixa – por exemplo, um céu azul, aeromoças agradáveis, passageiros alegres, diversão na viagem. Então pensou: *Espero que esta reunião que está havendo nas Nações Unidas não engarrafe as estradas.* Voltou a pensar: *Isso é uma coisa estranha, não quero colocá-la na minha caixa.*

Queremos que você se divirta e se alegre com o processo. Ao iniciá-lo, ficará surpreso com a eficiência da enorme equipe Não Física que responde a seus pedidos vibráteis.

Processo nº 3

Exercício Criativo

Use esse processo:

- Quando quiser se concentrar no que é mais importante para você.
- Quando quiser controlar deliberadamente as áreas fundamentais de sua vida.
- Quando quiser aprimorar seu estado de permissão para que mais coisas maravilhosas possam fluir em sua experiência.
- Quando quiser praticar um ponto positivo de atração até ele se tornar um ponto de atração dominante.

Escala de Valor de Referência Emocional atual

O processo de *Exercício Criativo* lhe trará mais benefícios quando seu *Valor de Referência Emocional* estiver entre:

(1) Alegria/Conhecimento/Autoconfiança/Liberdade/Amor/Admiração e

(5) Otimismo

(Se não tiver certeza de qual é seu *Valor de Referência Emocional* atual, volte ao capítulo 20 e examine as 22 categorias da *Escala de Orientação Emocional*.)

Como a maioria dos demais processos, esse é mais eficaz quando você escreve, mas também funciona quando você joga mentalmente enquanto dirige ou caminha, ou quando está sozinho.

Comece pegando quatro folhas de papel e escrevendo no alto de cada uma os seguintes assuntos: *meu corpo, minha casa, meus relacionamentos, meu trabalho.*

Concentre-se no primeiro tópico (meu corpo) e escreva na primeira página: *Isto é o que desejo em relação ao meu corpo*. Se não lhe ocorrer nada, passe à categoria seguinte. Mas, se algumas coisas em relação ao seu corpo lhe vierem à mente, escreva o que deseja. Por exemplo: *Quero voltar ao meu peso ideal; quero um bom corte de cabelo; quero comprar belas roupas novas; quero me sentir forte e saudável.*

Agora concentre-se em cada desejo a respeito do seu corpo e escreva ao lado de cada um as razões pelas quais os deseja. Por exemplo: Quero voltar ao meu peso ideal *porque vou me sentir melhor assim; porque terei mais energia; porque será divertido comprar roupas novas.*

Faça o mesmo em relação aos outros desejos.

O processo do *Exercício Criativo* vai ajudá-lo a se concentrar nas áreas mais imediatas e importantes de sua experiência. Quando você identifica os quatro assuntos básicos de sua vida, ocorre uma concentração de Energia. Quando faz afirmações de desejo específicas, ativa mais ainda a Energia em volta desses assuntos. Quando pensa nas razões pelas quais deseja essas coisas, baixa sua resistência em relação ao assunto e acrescenta mais clareza e poder aos seus pensamentos. Explicitar *por que* quer determinada coisa define a essência do que você quer... e o Universo sempre faz chegar até você a essência vibrátil do seu desejo.

Pense apenas no *por que* e deixe de lado *quando* tal coisa acontecerá, *como* ou *quem* o ajudará a conseguir.

Complete da mesma forma os outros três assuntos, cada um em sua página: *minha casa, meus relacionamentos, meu trabalho*. Inicie com o que você quer em relação a cada um deles – por exemplo: *Quero renovar os móveis; quero encontrar um parceiro em quem possa confiar; quero ir para o departamento de criação da empresa.*

Depois, tal como fez em relação ao corpo, escreva nas páginas relativas a cada assunto as várias razões pelas quais as quer. Elas podem ser, entre outras: *Porque móveis novos vão tornar minha casa mais bonita e agradável; porque acho a confiança um elemento fundamental para a felicidade de um relacionamento; porque acho que no departamento de criação meu talento vai ser mais bem aproveitado.* Repita o processo para cada desejo de cada categoria.

Esse jogo vai ajudar sua Energia a fluir em direção à Energia visada nos quatro principais tópicos da sua experiência pessoal. Aconselhamos jogar uma vez por semana durante um mês mais ou menos, passando depois a uma vez por mês.

Não se esforce para escrever *tudo* o que deseja em relação a cada tópico. Escreva apenas o que lhe vem primeiro à mente, espontaneamente.

Esse processo simples e fácil vai melhorar a ativação das coisas que são mais importantes para você. Logo começarão a surgir provas de que essa ativação está se dando.

Abraham, fale-nos mais sobre o processo do Exercício Criativo

Como um ímã, você atrai pensamentos, pessoas, fatos, circunstâncias – tudo o que existe. À medida que vê as coisas como gostaria que *fossem* – e não tal como *são* –, você as atrai desse novo modo. Por isso, a melhora ou a piora são crescentes. No entanto, a tendência das pessoas é olhar para as coisas tal como são.

O processo do *Exercício Criativo* vai ajudá-lo a escolher que tipo de ímã você será. Não dependerá mais do que os outros acreditam, querem ou veem a seu respeito, porque você será o poderoso *Criador Intencional* de si mesmo e de sua experiência.

Bem-vindo, pequenino, ao planeta Terra

Se estivéssemos falando com você no primeiro dia de vida na sua experiência física, diríamos: *Bem-vindo ao planeta Terra. Não há nada que você não possa ser, fazer ou ter, porque você é um maravilhoso criador. Vá em frente e atraia a experiência de vida para ajudá-lo a escolher o que deseja. A maior parte do seu tempo será gasta colhendo dados que o ajudarão a decidir o que quer e a se concentrar nisso, pois é através dessa concentração que vai atrair o que deseja. Esse é o processo de criação.*

Mas *não* estamos falando com você no primeiro dia da sua experiência física. Já faz tempo que você está aqui, e quase todos vocês se veem não apenas com os próprios olhos, mas através dos olhos alheios. Assim, muitos não estão atualmente como gostariam de estar.

No processo do *Exercício Criativo* você pode alcançar o estado que escolher para conscientemente alcançar o poder do Universo e começar a atrair o objeto do seu desejo, e não aquilo que sente ou pensa ser a sua realidade. Do nosso ponto de vista há uma grande diferença entre o que existe agora – que você chama de "minha realidade" – e o que a sua realidade verdadeiramente é.

Mesmo que você ocupe um corpo doente, ou que não tenha a forma, o tamanho ou a vitalidade que escolheu, mesmo que seu estilo de vida não lhe agrade, que seu carro o envergonhe, que se relacione com pessoas que não lhe dão prazer, queremos ajudá-lo a entender que, embora isso pareça constituir sua realidade, não precisa ser assim.

O que oferecemos aqui é o processo pelo qual você pode, rapidamente, todos os dias, atrair *intencionalmente* para sua experiência saúde, vitalidade, prosperidade e interações positivas com as pessoas – tudo o que constitui a sua visão da perfeita experiência de vida.

Outro exemplo de um Exercício Criativo

Incentivamos você a praticar esse processo diariamente por 15 ou 20 minutos. Será bom ter um lugar para sentar e escrever, embora tudo possa ser feito mentalmente num local tranquilo, onde possa pensar claramente em tudo o que deseja, de forma a ter pensamentos positivos. Mas faça isso de coração leve. Se não estiver feliz, não é uma boa hora para o seu *Exercício Criativo*.

Durante o dia, não importa o que esteja fazendo – trabalhando, dedicando-se às tarefas de casa, interagindo com a família e os amigos –, colete dados das coisas de que gosta. Pode ser o temperamento alegre de alguém, o carro que desejaria ter, o emprego que lhe agrada, a viagem que seu colega vai fazer... Seja o que for, grave mentalmente para mais tarde escrever, preparando a imagem do que seria a experiência ideal.

Se iniciar a prática do processo se sentindo bem, você levará aspectos específicos da experiência de vida que lhe agradam. Detalhando essas coisas que lhe dão prazer, sua vida vai começar a refletir as imagens que você criou no *Exercício Criativo*. Essa é uma ferramenta poderosa que vai ajudá-lo a construir uma vida perfeita.

Processo nº 4

Realidade Virtual

Use esse processo:

- Quando estiver se sentindo bem e quiser praticar uma vibração de permissão.
- Quando estiver lembrando uma experiência agradável e quiser prolongar e intensificar a sensação de prazer.
- Quando tiver um tempo extra e quiser usufruí-lo de maneira prazerosa.

Escala de Valor de Referência Emocional atual

O processo de *Realidade Virtual* lhe trará mais benefícios quando seu *Valor de Referência Emocional* estiver entre:

(1) Alegria/Conhecimento/Autoconfiança/Liberdade/Amor/Admiração e

(8) Tédio

(Se não tiver certeza de qual é seu *Valor de Referência Emocional* atual, volte ao capítulo 20 e examine as 22 categorias da *Escala de Orientação Emocional*.)

Lembre-se de que você vive em um Universo Vibrátil, e todas as coisas são administradas pela *Lei da Atração*. Você consegue aquilo em que pensa, queira ou não, porque quando concentra sua atenção em alguma coisa e se sintoniza com ela de forma vibrátil a essência vibrátil dessa coisa irá, de alguma forma, começar a surgir em sua experiência de vida.

Pelo processo da *Realidade Virtual* você intencionalmente ativa uma cena na mente, e oferece uma vibração que combina com a cena que ativou.

Em geral, as pessoas apresentam a maior parte de sua oferta vibrátil em resposta a coisas, pessoas e condições que observaram. Assim, a vida continua a se desdobrar da mesma forma, sem nenhuma melhora significativa no dia a dia, porque a oferta de pensamento permanece a mesma. Mas o processo da *Realidade Virtual* muda isso, fazendo sua vibração se movimentar muito além do ponto em que você se encontra atualmente. Como o Universo responde à sua vibração – e não ao que você está vivendo agora –, coisas incríveis e inéditas podem começar a fluir na sua experiência.

Vamos lembrar os três passos:

(1) Pedir (é fácil, você faz isso o tempo todo); (2) atender o que é pedido (não é seu trabalho, a Energia Essencial faz isso); (3) permitir (abrir-se para receber o que pediu).

É importante perceber que os passos 1 e 3 são diferentes.

Você está sempre pedindo, não consegue parar de pedir. Sua tarefa na verdade é descobrir uma maneira de abrir-se para receber. E para isso precisa alinhar-se. Como já vimos antes, o sinal de alinhamento é dado por suas emoções. Quando você se sente cansado, frustrado, raivoso ou ferido, está fora do alinhamento.

Não se culpe nem se acuse quando se surpreender com um pensamento negativo. Você pode usar o processo da *Escalada da Contemplação,* que pode ser praticado em qualquer lugar. Mas o processo da *Realidade Virtual* vai ajudá-lo da seguinte maneira: você vai se acostumar a reconhecer rapidamente um pensamento de resistência, para então sair dele com facilidade. Deixando o estado de resistência, a *Lei da Atração* vai responder a você de maneira positiva.

Abraham, fale-nos sobre o processo da Realidade Virtual

No processo da *Realidade Virtual*, você vai agir como um diretor de cinema ao filmar uma cena. Para iniciar o processo, deve decidir: *Onde esta cena acontece?* Escolha uma locação que o faça sentir-se bem. Pode ser um lugar que visitou, que viu em um filme, de que ouviu falar, ou que imaginou.

O ambiente é aberto ou fechado? De manhã, de tarde ou de noite? Como está o tempo? E a temperatura? Como você está vestido? Quem está com você? Escolha apenas coisas que o agradem, inclusive a pessoa com quem se encontra, caso decida estar acompanhado.

Qual seu estado de espírito? Você está rindo e conversando? Está quieto, apenas contemplando? Estabelecido o cenário, pode imaginar os diálogos.

O objetivo deste processo da *Realidade Virtual* é fazer você ativar vibrações internas que o coloquem em uma situação que permita seu Bem-Estar. Não crie nada defeituoso. Na sua *Realidade Virtual* você pode fazer exatamente como quer.

Não use esse processo para tentar melhorar uma situação existente, porque, na tentativa de consertar alguma coisa, você trará a vibração existente para a sua Realidade Virtual. *Ao fazer isso, perderá o poder do processo da* Realidade Virtual.

O fundamental é sentir-se bem

Só há uma razão para o Bem-Estar não inundar em detalhes a sua experiência, respondendo ao seu desejo: é você estar de mau humor, zangado ou preocupado com alguma coisa.

O exercício de *Realidade Virtual* vai treiná-lo a sentir-se bem a maior parte do tempo. Como acontece com os músculos, quanto mais praticar, maior o efeito.

Incentivamos você a jogar quando estiver dirigindo, parado numa fila, deitado na cama ou num momento de calma. Criando situações que lhe deem prazer, você ativa uma vibração que *realmente* lhe fará bem e, com isso, a *Lei da Atração* vai combinar com essa vibração. *Não há nada mais importante do que você se sentir bem – e nada melhor do que criar imagens para isso.*

Temos amigos que se sentem tão bem com a *Realidade Virtual*, que querem repetir sempre, porque, nesse jogo, têm absoluto controle sobre tudo.

Todo pensamento que o faz se sentir mal é negativo

Os médicos podem ter diagnosticado ontem um "grave problema de saúde", e hoje você pode estar dirigindo por uma linda estrada em direção ao melhor dos programas. Na sua fantasia não há vestígio de doença em seu corpo. Se puder se manter com essa vibração por mais tempo do que mantém a consciência da doença, esta não poderá permanecer no seu corpo. Só está ali porque, de alguma forma, inconscientemente, você escolheu pensamentos cuja vibração combina com a essência da doença.

Todo pensamento que você escolhe e que tenha uma vibração que sintoniza com a doença... faz você se sentir mal. Você sente raiva, frustração, ressentimento, culpa ou medo... Esses pensamentos não lhe fazem bem, e você sabe disso, pois se sente mal quando os tem. Assim como dói tocar num fogão muito quente, dói ter pensamentos negativos.

Algo que você viveu há muito tempo e que não está ativo em sua vibração, ou uma experiência vivida anteriormente, mas em que você não está pensando agora, não tem qualquer peso vibrátil no seu ponto de atração – não mesmo. Por isso, você não precisa se livrar de todos os pensamentos negativos.

Às vezes, no convívio com outras pessoas, você ouve, vê ou cheira algo que dispara uma vibração dentro de você que o faz se sentir mal quando é ativada. Quando isso acontecer, diga: "Ah, meu sistema de orientação está funcionando. Alguma coisa negativa foi ativada em mim e não me faz bem. Porque, ao ser ativada, essa vibração provocou uma resistência que está rejeitando o Bem-Estar que eu sentiria se ela estivesse ausente."

Essa é a hora de escolher um pensamento que o faça se sentir melhor. Se você vem praticando a *Realidade Virtual*, será muito fácil chegar a esse tipo de pensamento. Se não praticou, quando estiver tomado por um pensamento negativo, não terá nenhum lugar positivo para ir. Terá de esperar o pensamento se extinguir. E começar imediatamente a praticar.

Outro exemplo do processo da Realidade Virtual

Quanto mais praticar o processo da *Realidade Virtual*, mais você estará praticando a vibração da não resistência; quanto mais praticar a vibração da não resistência, melhor vai se sentir. Então, naturalmente, as coisas que desejar começarão a fluir facilmente na sua experiência.

Se puder, neste momento exato, feche o livro e imagine uma situação ideal com os detalhes mais agradáveis possíveis. O lugar, a estação do ano, a temperatura, a roupa que está usando, o vento leve que acaricia sua pele, o perfume no ar, a sensação de prazer e vitalidade no seu corpo, a beleza da paisagem e dos sons. Escolha uma pessoa especialmente querida para estar ao seu lado, veja-a sorrir, abrace-a, caminhe de mãos dadas com ela, conversem sobre seus planos e sonhos. Fique o tempo que desejar.

Preocupar-se ou emocionar-se: suas visualizações estão sintonizadas

Alguém nos disse: "Abraham, para mim é difícil visualizar. Quando penso em ir para a *Realidade Virtual*, ela é apenas um espaço vazio. Eu não sei fazer isso."

Nós respondemos: Você consegue lembrar fatos que aconteceram? *Se consegue, pode criar a* Realidade Virtual, *porque o passado não está aqui agora.* Ao se lembrar dele, você o recria a partir de *alguma coisa.*

Não há, portanto, diferença entre visualização e *Realidade Virtual*. É a criação de uma imagem, com a intenção específica de lhe dar prazer.

Experimente: praticando a *Realidade Virtual* e estimulando sua imaginação, você vai descobrir que o processo é uma maneira agradável de passar o tempo. Vai sobretudo perceber que sua vibração numa infinidade de assuntos está mudando, e sua experiência de vida começará a refletir essas melhoras sensacionais.

Processo nº 5

Jogo da Prosperidade

Use esse processo:

- Quando quiser expandir sua capacidade de imaginar.
- Quando quiser acrescentar clareza ou especificidade ao seu desejo.
- Quando quiser aumentar o fluxo de dinheiro na sua experiência.
- Quando quiser aumentar o fluxo de abundância em relação a várias coisas.

Escala de Valor de Referência Emocional atual

O processo de *Jogo da Prosperidade* lhe trará mais benefícios quando seu *Valor de Referência Emocional* estiver entre:

(1) Alegria/Conhecimento/Autoconfiança/Liberdade/Amor/ Admiração e

(16) Desânimo

(Se não tiver certeza de qual é seu *Valor de Referência Emocional* atual, volte ao capítulo 20 e examine as 22 categorias da *Escala de Orientação Emocional.*)

Nesse processo, você vai começar abrindo uma conta bancária

imaginária. Depois, vai fazer depósitos e controlar retiradas, como numa conta de verdade. Você pode usar um talão de cheques, um programa de computador – ou criar um sistema com um caderno para registro de cheques – e pedaços de papel em branco para formulários de depósitos e cheques. O importante é tornar esse processo o mais real possível.

No primeiro dia, deposite mil reais. E gaste tudo. Pode gastar o dinheiro todo em um único lugar, com um só cheque, ou em vários lugares, com cheques diferentes. O objetivo do jogo é se divertir, imaginando o que gostaria de comprar, e ter prazer no processo de realmente preencher os cheques.

Anote no canhoto do cheque aquilo que comprou. Nós o incentivamos a fazer o possível para gastar tudo no mesmo dia, pois no dia seguinte você fará outro depósito maravilhoso.

No segundo dia, deposite dois mil reais.

No terceiro dia, deposite três mil reais e, no quarto, quatro mil.

No quinquagésimo dia, deposite 50 mil, e assim por diante. Se você jogar todos os dias durante um ano, terá depositado e gastado mais de 66 milhões.

Ao jogar durante semanas, você começará a se concentrar realmente para gastar aquela quantia. Com isso, sua capacidade de imaginar se expandirá extraordinariamente.

A maioria dos nossos amigos físicos exercita pouco a imaginação e oferece vibrações exclusivamente em resposta ao que estão observando. Com esse jogo, você vai ter novas ideias e, com o tempo, sentirá a expansão de seus desejos e expectativas. Dessa forma, vai se beneficiar mudando seu ponto de atração. Concentrando sua atenção nas maravilhosas ideias que esse jogo faz surgir em você, o Universo responde às vibrações de seus pensamentos.

O Universo não faz distinção entre a vibração que você oferece em resposta ao que vive e a que oferece em resposta ao que imagina. Assim, o Jogo da Prosperidade *é uma ferramenta para mudar seu ponto de atração vibrátil.*

Você pode jogar por pouco tempo ou durante um ano ou mais. O que escolher, está bem. Pode achar esquisito no início, mas, quanto mais jogar, mais vasta se tornará sua imaginação, e, consequentemente, seu ponto de atração irá mudar. Ao preencher os cheques e os canhotos, você terá feito uma afirmação de desejo no estado de *permissão*. Sua situação financeira vai melhorar e todas as coisas em que se concentrou com prazer começarão a fluir na sua experiência.

Você pode começar o jogo, parar, jogar como quiser. Não há regras. Apenas jogue. Por quanto tempo quiser. O importante é: *faça o máximo para exercitar sua imaginação*.

Se você fosse um escultor iniciante, iria moldando a peça aos poucos, procurando acertar, refazendo, consertando as falhas, aperfeiçoando o trabalho. Mas quando se trata da criação que se molda com a Energia que cria mundos, a maioria de vocês não faz um esforço consciente para dirigir o pensamento. É como se houvesse outra pessoa trabalhando a argila e vocês passassem a vida falando do resultado.

"*Isso* não ficou muito bom. Meus pais deviam ter feito de maneira diferente", ou "A economia não devia estar assim", ou "Não gosto das ações deste governo". Queremos lhe dizer: *Ponha as mãos na sua argila! Atraia a Energia com o poder do seu desejo e molde-a com o poder da sua imaginação.*

Jogar com prazer o *Jogo da Prosperidade* vai melhorar sua situação financeira e todos os aspectos da sua vida. Vai ajudá-lo a ativar mais vibrações relativas a coisas que deseja e a se concentrar de maneira a permitir que essas coisas fluam em sua experiência.

Prometemos que as manifestações vão começar a chegar em resposta à mudança em sua vibração.

Processo nº 6

Meditação

Use esse processo:

- Quando quiser aliviar a resistência.
- Quando quiser uma maneira mais fácil de aumentar imediatamente sua vibração.
- Quando quiser aumentar seu nível geral de vibração.
- Quando quiser ter consciência do seu *Eu Interior*.

Escala de Valor de Referência Emocional atual

O processo de *Meditação* lhe trará mais benefícios quando seu *Valor de Referência Emocional* estiver entre:

(1) Alegria/Conhecimento/Autoconfiança/Liberdade/Amor/ Admiração e

(22) Medo/Sofrimento/Depressão/Desespero/Impotência

(Se não tiver certeza de qual é seu *Valor de Referência Emocional* atual, volte ao capítulo 20 e examine as 22 categorias da *Escala de Orientação Emocional.*)

Qualquer pensamento que persista em você é chamado de *crença*. Muitas crenças são de grande ajuda: pensamentos que se harmonizam com o conhecimento de sua Fonte e pensamentos sintonizados com seus desejos. Mas algumas de suas crenças *não* o ajudam, como pensamentos sobre sua inadequação ou sua falta de mérito.

Entendendo as Leis do Universo e com alguma disposição para escolher pensamentos, você pode, com o tempo, substituir todas as crenças que são obstáculos por outras que lhe ajudarão a viver. Mas aqui está um processo que pode mudar suas crenças mais depressa. Nós o chamamos de *Meditação*.

Quando você acalma a mente, não oferece qualquer pensamento; fazendo isso, não oferece nenhum tipo de resistência; quando não ativa qualquer pensamento de resistência, a vibração do Eu é alta, rápida e pura.

Imagine uma rolha flutuando na água (que representa o lugar de alta, pura e rápida vibração que você possui naturalmente). Agora, imagine que você segura a rolha sob a água – é assim a resistência. Depois, imagine que solta a rolha – e veja-a subir à superfície.

Tal como a rolha que flutua naturalmente na superfície da água, é natural para você experimentar uma vibração alta, pura e rápida, livre do obstáculo da resistência. Assim como a rolha, se você não está fazendo alguma coisa que o detenha sob a água, rapidamente voltará a flutuar na superfície à qual pertence. Você não tem de *se esforçar* para estar na alta vibração, porque ela é natural em você. Mas tem de parar de ter pensamentos que o empurrem para o fundo e façam baixar sua vibração. Quando deixar de concentrar-se em coisas que não deseja, que são o oposto do seu desejo puro, você não ativará qualquer vibração de resistência – e vai experimentar seu estado natural de prosperidade e Bem-Estar.

Para começar o processo da *Meditação*, sente-se num lugar calmo, onde não poderá ser perturbado. Use roupas confortáveis. Não importa se você senta numa cadeira ou no chão, ou mesmo se deita na cama, desde que não adormeça. O importante é que seu corpo esteja confortável.

Feche os olhos, relaxe e respire. Concentre-se na sua respiração.

Inspire lentamente e depois desfrute o conforto de liberar o ar que inspirou (seu conforto é muito importante).

No princípio, os pensamentos em que esteve antes concentrado vão querer voltar para sua mente. Ao sentir isso, procure desapegar-se dos pensamentos e volte suavemente a concentrar-se na respiração. Tente limpar a mente de qualquer pensamento.

Escolha uma frase simples e repita-a mentalmente, acompanhando o ritmo da respiração: "Entrando... saindo...", à medida que o ar enche seus pulmões e sai deles. Escolhendo um pensamento simples, suave, você deixará para trás os pensamentos de resistência – e sua vibração (como a rolha) vai naturalmente subir.

Esse não é um processo para trabalhar seus desejos, mas para acalmar sua mente. Fazendo isso, qualquer resistência vai baixar e seu estado de vibração se elevará ao estado puro e natural.

Seu ponto de atração agora terá mudado, e seu estado de *permissão* estará no lugar devido. Coisas que você pediu – e foram dadas – fluem agora docemente na sua experiência. Saindo do estado de meditação, o estado de *permissão* permanecerá até que você se concentre em alguma coisa que mude sua frequência vibrátil. Com a prática, essas frequências mais altas vão se tornar tão familiares que você poderá atingi-las quando quiser.

Meditando regularmente, você vai se tornar sensível à maneira como as frequências mais altas se fazem sentir em seu corpo. Quando se concentrar em alguma coisa que cause uma baixa na sua vibração, vai reconhecer melhor e mais rapidamente o que está acontecendo e poderá facilmente mudar o pensamento de resistência para manter seu equilíbrio.

Outras maneiras de elevar sua vibração

Além da *Meditação* há outras maneiras de se libertar da resistência e elevar suas vibrações: ouvir uma música que lhe alegre o coração, andar no meio da natureza, acariciar seu animal de estimação, etc. Muitas vezes, ao dirigir seu carro, você está no seu mais alto grau de conexão com a Energia Essencial.

Seu objetivo é libertar-se de qualquer pensamento que cause resistência, de modo a alcançar um lugar de pensamento puro e positivo. Não faz mal se não conseguir acalmar a mente de maneira total – a não ser que sua mente esteja cheia de pensamentos negativos. Se você pensar em coisas agradáveis durante a *Meditação*, pode ser ótimo.

Descubra um pensamento que o faça se sentir bem e o pratique até harmonizá-lo dentro de você. Outros pensamentos semelhantes se seguirão.

Outro exemplo do processo da Meditação

Aqui está o processo que utilizaríamos se estivéssemos em nosso corpo físico: a cada dia, por 10 ou 15 minutos (não muito mais do que isso), nós nos sentaríamos calmamente num lugar calmo e agradável, onde não seríamos interrompidos. Faríamos o possível para abstrair nossos sentidos físicos. Fecharíamos a cortina se a luz estivesse forte demais, fecharíamos os olhos, escolheríamos um lugar calmo.

Começaríamos a inspirar e expirar longamente, concentrando-nos na saída e na entrada do ar. Inspiraríamos até que os pulmões tivessem atingido sua capacidade máxima e, se possível, inspiraríamos ainda mais um pouco. Então, com os pulmões totalmente expandidos, deixaríamos o ar sair lentamente, de maneira longa e deliciosa. Nossa intenção seria apenas viver esse momento, conscientes de nossa respiração, não fazendo nada além de respirar – sem pensar nas providências a tomar, sem imaginar o que alguém estaria fazendo, sem pensar no que aconteceu ontem, sem nos preocuparmos com o amanhã, concentrando-nos apenas no ar que estaria entrando e saindo.

É um estado de *permissão* em que, por alguns momentos, você para de dirigir o espetáculo. Para de tentar fazer qualquer coisa acontecer. É quando você diz à sua Energia Essencial, ao seu *Eu Interior*, ao seu DEUS (ou o nome que quiser dar): *Aqui estou, em estado de permissão. Permito que a Energia Essencial flua através de mim de maneira pura.*

Quinze minutos dessa prática mudarão sua vida, porque permitirão que a Energia que lhe é natural flua. Você vai se sentir melhor durante o processo e mais energizado quando acabar.

Quinze minutos podem fazer toda essa diferença?

Haverá imediatamente um grande benefício: as coisas que desejou vão começar a aparecer. Talvez você me diga: "Mas, Abraham, eu não tinha essa intenção. Não estabeleci metas. Não esclareci o que queria. Não disse ao Universo o que desejava. Por que esses 15 minutos fizeram as coisas se movimentar?" *Porque você está sempre pedindo e, durante a* Meditação, *não ofereceu resistência e permitiu que seus desejos fluíssem na sua experiência.*

"Abraham, durante 50 anos fui uma pessoa negativa. Vou levar outros 50 para mudar isso?" *Não, 15 minutos serão suficientes.*

"Em 15 minutos posso desfazer toda a resistência que aprendi a ter?" *Em 15 minutos você pode permitir – não há nada a desfazer.*

"E se eu tiver realmente desenvolvido hábitos de negatividade? Os 15 minutos vão mudar isso?" *Provavelmente, não. Mas, da próxima vez que tiver um pensamento negativo, estará mais consciente dele. Seu sistema de orientação será estimulado para que você saiba – provavelmente pela primeira vez na vida – o que está fazendo com sua Energia Não Física.*

Isso é importante, porque você sabe que tudo o que acontece a você e a cada pessoa que conhece acontece por causa da Energia que cada um permite ou rejeita. Todos os seus conhecidos estão tendo experiências por causa do desejo em que se concentraram e que a vida lhes trouxe e por causa do estado de permissão ou resistência em que se encontraram em algum momento.

O que eu poderia fazer em 30 dias?

Queremos encorajá-lo a ser suficientemente egoísta todos os dias para dizer: "Nada é mais importante do que eu me sentir bem. E vou arrumar meios para isso acontecer hoje. Vou começar meu dia meditando e me alinhando com minha Energia Essencial. Ao longo do dia, vou procurar oportunidades para usufruir as coisas boas que me cercam, de modo a voltar sempre à Energia Essencial. Se houver chance de elogiar, vou elogiar. Se tiver vontade de criticar, vou manter a boca fechada e tentar meditar, ou vou fazer carinho no meu gato até que a vontade passe."

Em 30 dias, sem muito esforço, você poderá se tornar uma das pessoas *menos* resistentes do planeta. Os outros ficarão impressionados com o número de manifestações que vão começar a acontecer na sua experiência física.

É como se agora você estivesse em frente a uma porta fechada; do outro lado se encontram as coisas que você deseja, esperando que você abra a porta. Estão ali desde que você as pediu: o amor, o corpo perfeito, o emprego ideal, todo o dinheiro que puder imaginar, tudo o que sempre desejou! Coisas grandes e pequenas – *tudo o que você já identificou como desejado está atrás da porta.*

No momento em que abrir a porta, todas essas coisas desejadas vão fluir para você.

Processo nº 7

Avaliação dos Sonhos

Use esse processo:

- Quando quiser entender por que está tendo um sonho específico.
- Quando quiser entender o que é o seu ponto de atração vibrátil e o que você é no processo de criação, antes mesmo de ele se manifestar na sua experiência de vida.

Escala de Valor de Referência Emocional atual

O processo de *Avaliação dos Sonhos* lhe trará mais benefícios quando seu *Valor de Referência Emocional* estiver entre:

(1) Alegria/Conhecimento/Autoconfiança/Liberdade/Amor/Admiração e

(22) Medo/Sofrimento/Depressão/Desespero/Impotência

(Se não tiver certeza de qual é seu *Valor de Referência Emocional* atual, volte ao capítulo 20 e examine as 22 categorias da *Escala de Orientação Emocional*.)

O que você pensa e o que se manifesta na sua experiência de vida são sempre uma combinação vibrátil. Da mesma forma, o que você pensa e o que se manifesta no seu estado de sonho são uma combinação vibrátil.

É bom você ter consciência de seus pensamentos e do que está criando antes que se manifeste, mas também é importante, depois da manifestação, conhecer os pensamentos que levaram a ela. Você pode fazer a associação consciente entre seus pensamentos, sentimentos e manifestações *antes* ou *depois* que a manifestação ocorre. As duas formas são úteis.

Aquilo com que você sonha está sempre sintonizado com o que você estava pensando. Como cada um de seus sonhos é uma criação sua, é impossível sonhar com alguma coisa que não tenha sido criada através de seus pensamentos.

A forma como você se sente em relação a seus pensamentos poderá se manifestar em seu estado de sonho. Por isso, os sonhos podem ser muito úteis para ajudá-lo a entender o que você é no seu processo de criação quando está desperto. Se está criando alguma coisa que *não* quer, é mais fácil mudar a direção de seus pensamentos *antes* que se manifestem do que esperar para mudar *depois* da manifestação.

O processo de *Avaliação dos Sonhos* é o seguinte: ao ir para a cama, tome consciência de que seus sonhos refletem exatamente seus pensamentos. Diga a si mesmo: *Desejo descansar bem e acordar descansado. Se houver algo importante em meus sonhos, lembrarei quando acordar.*

Ao acordar, antes de levantar, fique na cama por uns instantes e pergunte-se: *Lembro alguma coisa dos meus sonhos?* Esse é o melhor momento para fazer isso. Ao começar a lembrar os sonhos, relaxe e tente também lembrar como *se sentiu* durante o sonho, pois lembrar as emoções vai fornecer informações mais importantes do que lembrar os detalhes do sonho.

Um assunto aparece nos seus sonhos porque você deu muita atenção a ele. Por isso, os sonhos mais significativos são sempre acompanhados de forte emoção, que tanto pode ser negativa quanto positiva.

"Como me senti em relação ao meu sonho?" Se acordou de um sonho que trouxe Bem-Estar, pode ter certeza de que seus pensamentos dominantes em relação ao assunto se dirigem a manifestações que você *realmente* deseja. Quando acorda de um sonho que trouxe um sentimento desagradável, saiba que seus pensamentos dominantes estão atraindo algo que você *não* quer. Nesse caso, você pode tomar uma nova decisão e mudar a manifestação para algo mais prazeroso.

Quando começar a entender que seus sonhos são maravilhosos reflexos do que realmente sente e do que está criando, você poderá começar a mudar intencionalmente seus pensamentos para afetar seus sonhos positivamente. Assim, quando tiver um sonho positivo, saberá que está no caminho de uma manifestação mais positiva na sua vida real.

Se acordar de um sonho ruim, em vez de se preocupar, valorize o fato de ficar sabendo que está dando atenção a algo que não deseja. Assim como os sensores de sua pele o alertam quando você se aproxima de alguma coisa muito quente, suas emoções o fazem consciente de que seus pensamentos se aproximam de algo indesejado.

Você não cria enquanto dorme. O sonho é uma manifestação do que pensou durante o estado de vigília. Mas, estando acordado, quando pensa sobre o sonho ou fala sobre ele, esses pensamentos afetam suas futuras criações.

É útil anotar os sonhos, mas não precisa chegar a detalhes. Anote a situação geral, as pessoas principais que aparecem, o que você e as outras pessoas estavam fazendo e, principalmente, como você se *sentia* no sonho.

Se, ao identificar como se sentia no sonho, quiser fazer algo para mudar essa emoção, pode passar ao processo número 22: *Subir na Escala Emocional.*

Abraham, fale-nos mais sobre a Avaliação dos Sonhos

Às vezes, quando você deseja alguma coisa há muito tempo, mas não vê um caminho para obtê-la, tem um sonho onde o que quer *realmente* acontece. Ao se recordar do sonho com prazer, você suaviza sua vibração de resistência – e seu desejo pode ser realizado.

Jerry e Esther estiveram envolvidos profissionalmente durante muitos anos. Eles se admiravam, mas não havia um sentimento romântico entre eles, porque nenhum dos dois o permitia.

Uma noite, Esther sonhou que Jerry (ela o viu claramente) ajoelhava ao lado de sua cama e a beijava no rosto. Um sentimento extraordinário de felicidade tomou conta dela. Quando acordou, não conseguia parar de pensar no sonho e passou a olhar Jerry de outra maneira. O sonho foi tão bom que ela tentou repeti-lo e se lembrava muitas vezes dele. Queria voltar a ter a mesma sensação. Essa vibração foi o catalisador que os uniu.

Antes do sonho, Esther pensava em coisas como *Quero ser feliz. Quero um companheiro que me admire.* Ao ouvir seu desejo, seu *Eu Interior* ofereceu-lhe algo visual e sensual com força suficiente para chamar sua atenção. Ela fez fluir Energia através do sonho, e assim a manifestação se deu.

Os sonhos contribuem para o seu futuro

Se há coisas que você deseja, fale com seu *Eu Interior* sobre o *que* quer e *por quê*. Deixe seu *Eu Interior* oferecer a você, em seus sonhos, imagens através das quais você possa fluir Energia que transforme seu estado vibrátil naquilo que deseja. E a *Lei da Atração* o trará.

Muitas vezes, como resultado do que a influência externa fez você pensar, você pode estar fluindo Energia em direção a um desastre financeiro, a problemas de saúde, etc. Assim, seu *Eu Interior*, que tem consciência de que você está projetando uma doença para o futuro, pode lhe oferecer um sonho mostrando em que direção você está indo. Ao acordar, você dirá: "Ah, não quero isso! O que quero *realmente*? Por que quero tal coisa?" Você então começa a fluir Energia produtivamente em direção ao que realmente deseja, transformando sua Energia e mudando sua experiência futura.

Processo nº 8

Livro dos Aspectos Positivos

Use esse processo:

- Quando emoções positivas fluírem através de você em resposta a um pensamento positivo no qual esteja concentrado, e você quiser aproveitar mais a onda de pensamentos positivos.
- Quando tiver consciência de que não se sente bem em relação a um assunto que requer uma atenção especial e quiser aprimorar sua vibração a respeito.
- Quando se sentir bem em relação à maioria dos assuntos em que se concentra, mas houver pequenos obstáculos que queira transformar em pontos positivos.

Escala de Valor de Referência Emocional atual

O processo de *Livro dos Aspectos Positivos* lhe trará mais benefícios quando seu *Valor de Referência Emocional* estiver entre:

(1) Alegria/Conhecimento/Autoconfiança/Liberdade/Amor/ Admiração e

(10) Frustração/Irritação/Impaciência

(Se não tiver certeza de qual é seu *Valor de Referência Emocional* atual, volte ao capítulo 20 e examine as 22 categorias da *Escala de Orientação Emocional*.)

Para iniciar o processo do *Livro dos Aspectos Positivos*, compre um caderno que lhe agrade. Escolha um de cor bonita, papel macio, onde sua caneta favorita deslize confortavelmente, e que se abra totalmente sobre a mesa.

Essa escolha aumentará seu grau de concentração, proporcionando-lhe maior clareza mental e prazer de estar vivo.

Na capa do caderno escreva: *Meu Livro dos Aspectos Positivos*.

Seria bom reservar ao menos 20 minutos para esse processo no primeiro dia. Nos dias seguintes, vá aumentando o tempo aos poucos. Talvez o processo lhe traga tantos benefícios, e você sinta tamanha satisfação com os bons pensamentos, que possa querer se dedicar mais a ele.

No alto da primeira página do caderno, escreva o nome ou faça uma pequena descrição de algo ou alguém que sempre faz você se sentir bem. Pode ser o nome do seu gato, de seu melhor amigo, da pessoa que você ama, de sua cidade favorita ou de qualquer outra coisa. Concentrando-se no nome ou na palavra escrita, pergunte-se: *Do que gosto em você? Por que o amo tanto? Quais são seus aspectos positivos?*

Calmamente, sem se forçar, comece a escrever os pensamentos que surgem em resposta às suas perguntas. Deixe as ideias fluírem para o papel, registrando os pensamentos que lhe vêm espontaneamente. Depois, leia o que escreveu e se delicie com as palavras.

Na página seguinte, escreva outro nome ou faça uma pequena descrição de algo ou alguém que lhe dá prazer e repita o processo até que os 20 minutos estejam esgotados.

Você pode descobrir, mesmo da primeira vez, que conseguiu ativar dentro de si mesmo uma vibração de admiração e Bem-Estar tão poderosa que novas ideias para seu *Livro dos Aspectos Positivos* vão continuar a fluir. Se quiser, prossiga, fazendo da mesma forma e respondendo às perguntas: *Do que gosto em você? Por que o amo tanto? Quais são seus aspectos positivos?* Se preferir, espere até o dia seguinte para recomeçar o processo.

Quanto mais aspectos positivos procurar, mais vai achar; quanto mais aspectos positivos achar, mais vai procurar. No processo, você vai ativar em seu interior uma alta vibração de Bem-Estar (que sintoniza com quem você realmente é). E vai sentir-se cada vez melhor: com a prática, essa vibração vai se tornar dominante, e todos os aspectos de sua experiência vão começar a refletir essa vibração mais alta.

É bem provável que quando o caderno estiver completo você queira comprar outro, e mais outro, pois a experiência de escrever coisas que o fazem se sentir bem produz um verdadeiro poder de concentração e de conexão com sua própria Energia Essencial.

Serão muitos os benefícios: você vai se sentir maravilhoso ao longo do processo. Seu ponto de atração vai continuar a se aprimorar, e sua relação com cada assunto sobre o qual escreve vai se tornar mais rica e satisfatória – e a *Lei da Atração* vai trazer para você mais pessoas, lugares, experiências e coisas maravilhosas.

Abraham, fale-nos mais sobre o Livro dos Aspectos Positivos

Imagine uma bela cidade perfeita. O tráfego flui sem problemas. Viver e trabalhar nela é uma experiência maravilhosa. Você talvez pense: *Eu podia viver lá feliz para sempre.* Ah, mas nos esquecemos de mencionar um detalhe: *há um buraco enorme na avenida principal.*

Se você se concentrar nos aspectos positivos da cidade, é provável que, se vivesse nela, seria feliz para sempre. Mas o que acontece é que a maioria das pessoas não foi habituada a concentrar-se nos aspectos positivos; ao contrário, o que a maioria quase sempre ouviu foi: *Cuidado com o buraco na avenida principal!* Por causa dessa ênfase nos aspectos negativos, a maioria é devorada pelo buraco.

Digamos que alguém tenha sido declarado em estado terminal;

o médico lhe deu uma sentença de morte. Mesmo assim, a maior parte de seu corpo é como essa cidade mágica – e funciona bem. Mas como o médico destacou o "buraco", a pessoa agora concentra sua atenção nele – e é devorada.

Desloque sua atenção dos buracos da cidade

"Quando me concentro no que quero, sinto-me bem. Quando me concentro na falta do que quero, me sinto mal."

Vamos um pouco além. Você pode se concentrar em mais de uma coisa ao mesmo tempo? Não. Pode se sentir mal e bem ao mesmo tempo? Não.

Se, quando você se concentra no que quer, se sente bem, não seria lógico que sua tarefa mais importante fosse procurar os aspectos positivos de todas as coisas e deslocar sua atenção dos buracos?

Às vezes, ao conhecerem a *Criação Intencional*, nossos amigos no estado físico se preocupam, temendo que qualquer dos seus pensamentos negativos alcance o cosmo e lhes traga algum monstro. Podem ficar tranquilos, pois é preciso pensar muito a respeito de alguma coisa antes que ela se manifeste concretamente. Mas, preste atenção: não é verdade que a maioria das pessoas se concentra mais – mesmo em pensamento – nos aspectos negativos do que naqueles que lhes fazem bem?

Queremos incentivá-lo a fazer esta *escolha*: dar mais atenção ao que faz você se sentir bem. Não é difícil, e fará uma enorme diferença no que você traz para sua experiência.

Dê atenção ao que o faz se sentir bem

Se estivéssemos no seu corpo físico, diríamos a nós mesmos: "Se me faz sentir bem, dou toda a minha atenção; caso contrário, não dou a mínima."

Sabe o que vão lhe dizer? "Você precisa encarar a realidade!"

E você deve responder: "Eu encaro sempre a realidade. Mas faço uma seleção nas minhas escolhas. Porque descobri que qualquer realidade que enfrento, abordo, de que falo, penso e lembro, qualquer realidade que fique por muito tempo na minha vibração se torna minha própria realidade. Seleciono as realidades porque descobri que posso criar a realidade! E posso escolher a realidade que estou criando."

Adoramos afirmar isso para você. Você pode criar qualquer coisa que queira, mas há um jeito melhor de dizer isso: *Você pode e vai criar qualquer coisa a que dê sua atenção.*

Os aspectos positivos são transformadores

Jerry e Esther davam seminários num hotel em Austin. Embora houvesse contratos assinados e Esther telefonasse no dia da chegada, confirmando, era sempre uma correria para aprontar tudo para o seminário. Esther nos dizia: "Talvez fosse melhor achar outro hotel!" E nós dizíamos que seria melhor *mudarem os hábitos vibráteis* que eles e todos vocês levam aos lugares aonde vão.

Pedimos que comprassem um *Livro dos Aspectos Positivos* e escrevessem na primeira página: *Aspectos positivos do Hotel Southpark em Austin.* Esther concentrou-se nesses aspectos, surpreendeu-se ao verificar que eram muitos e registrou-os no caderno. Ao escrever essas frases, ela se espantou por estar procurando outro hotel. Ou seja, a atenção que deu aos aspectos positivos a colocou em um tal modo de pensamento positivo em relação ao hotel que (sabemos disso) ela só poderia atrair boas coisas nele. Em outras palavras: por escrever intencionalmente no caderno, ela tirou a atenção do buraco.

Pode ter certeza: seu *Livro dos Aspectos Positivos* vai colocá-lo cada vez mais em posição de atrair – por causa de seu sentimento positivo – qualquer coisa que deseje.

Processo nº 9

Escrever um Roteiro

Use esse processo:

- Quando estiver se sentindo bem e quiser acrescentar aspectos específicos ao que está criando na sua experiência de vida.
- Quando quiser ter a emoção de identificar e escrever coisas que gostaria de experimentar, e então ver o Universo entregar-lhe os detalhes que descreveu.
- Quando quiser conscientemente experimentar o poder do pensamento em que se concentrou de modo específico.

Escala de Valor de Referência Emocional atual

O processo de *Escrever um Roteiro* lhe trará mais benefícios quando seu *Valor de Referência Emocional* estiver entre:

(2) Paixão e

(6) Esperança

(Se não tiver certeza de qual é seu *Valor de Referência Emocional* atual, volte ao capítulo 20 e examine as 22 categorias da *Escala de Orientação Emocional*.)

Uma noite, Esther ligou a televisão e foi imediatamente atraída por um filme sobre um roteirista aparentemente fracassado que acabara de descobrir que sua escrita parecia ser mágica. A cada dia, depois que descrevia as cenas e escrevia os diálogos, as mesmas coisas aconteciam em sua experiência. Assim, se uma situação não se encaminhava para a direção que ele queria, escrevia uma versão melhorada, fazendo com que a situação acontecesse.

Enquanto Esther via o filme, dissemos a ela: *É exatamente assim que sempre acontece. Quando você se concentra claramente no que deseja, sem manter uma vibração contraditória que cause resistência, seu desejo se realiza. Porque, quando você pede, é sempre atendido, sem exceção.*

Quando algo que deseja não chega é porque você não está permitindo que ele venha por causa de seus pensamentos contrários ao desejo. Nada mais impede que você realize todos os seus sonhos.

É assim que o processo de *Escrever um Roteiro* funciona: finja que é um escritor e que tudo será encenado exatamente como escrever. Seu único trabalho é descrever, em detalhes, exatamente como quer que tudo aconteça.

Se você se diverte com esse jogo, sem levá-lo muito a sério, é menos provável que suas resistências sejam ativadas. Finja que seu computador é mágico, e que tudo o que você escreve pode acontecer. Dessa forma, você faz as duas coisas necessárias para realizar qualquer coisa: concentra-se em seu desejo e não oferece resistência.

Esse processo vai ajudá-lo a especificar melhor seus desejos. Quanto mais clareza tiver sobre o que exatamente você quer, maior o poder de realização. Quanto mais se concentrar num assunto, quanto mais detalhes fornecer, mais rapidamente se movimentará a Energia. Com a prática, você efetivamente sentirá a força do seu desejo e o movimento das Forças Universais em resposta a ele. Será muitas vezes capaz de *sentir* que uma manifestação está prestes a acontecer.

Se você gostar, e jogar com frequência, começará a ver a prova impressionante do poder do jogo. Coisas que escreveu começarão a acontecer, como se você dirigisse uma peça no palco. Quando alguém com quem você interage começar a dizer palavras que você *roteirizou*, você se alegrará ao reconhecer o poder de sua intenção.

Você é o escritor vibrátil do roteiro da sua vida – e todas as outras pessoas do Universo estão representando o papel que você lhes determinou. Você pode literalmente roteirizar a vida que deseja, e o Universo vai entregar a você as pessoas, lugares e fatos, tal como decidiu que seriam. Porque você é o criador de sua experiência – basta decidir e permitir que seja.

Abraham, fale-nos mais sobre Escrever um Roteiro

Escrever um Roteiro é um dos processos que oferecemos para ajudá-lo a dizer ao Universo como quer que as coisas sejam. Se há algo que você deseja, mas da qual ainda não usufrui, *Escrever um Roteiro* é uma boa maneira de apressar isso. Vai ajudá-lo a quebrar o hábito de falar das coisas como *são* e a começar a falar como *gostaria que fossem*. Isso vai ajudá-lo a deliberadamente oferecer sua vibração.

Escreva o enredo que gostaria de viver

Comece se identificando como o personagem central de um roteiro, depois nomeie os demais personagens e escreva o enredo. É melhor escrever mesmo, especialmente no início, porque a escrita é seu ponto de concentração mais poderoso. Depois, basta pensar.

Uma mulher que estava praticando conosco um de seus roteiros disse: "Vejo duas pessoas andando pela praia." Perguntamos, provocando-a: "Você é uma delas?" Estávamos chamando sua atenção para o fato de que a importância de escrever o roteiro é começar a *sentir* as experiências da vida da forma que você gostaria de vivê-las.

O Universo não sabe se sua vibração é em resposta a alguma coisa que está acontecendo ou que você está imaginando – em qualquer dos casos, o Universo vai lhe entregar o que você deseja.

Se você voltar ao seu roteiro várias vezes, começará a aceitá-lo como realidade. Ao aceitá-lo da forma como aceita a realidade, o Universo acredita e responde da mesma maneira.

Processo nº 10

Toalha de Mesa

Use esse processo:

- Quando quiser utilizar de maneira mais efetiva seu Gerente Universal.
- Quando quiser criar sua própria realidade especialmente através do fluxo da Energia.
- Quando sentir que tem muito a fazer.
- Quando quiser mais tempo para fazer coisas que lhe dão prazer.

Escala de Valor de Referência Emocional atual

O processo de *Toalha de Mesa* lhe trará mais benefícios quando seu *Valor de Referência Emocional* estiver entre:

(2) Paixão e

(11) Sobrecarga

(Se não tiver certeza de qual é seu *Valor de Referência Emocional* atual, volte ao capítulo 20 e examine as 22 categorias da *Escala de Orientação Emocional*.)

À medida que os projetos e trabalhos de Jerry e Esther se expandiam, Esther começou a andar com um caderno onde anotava a lista das coisas a fazer em cada dia. Eram tantas que seriam necessárias 10 pessoas para fazer tudo num dia só.

A cada item acrescentado, Esther se sentia sobrecarregada e menos livre. Por causa de sua natureza prestativa, ela queria responder a todas as demandas, esmagando assim sua liberdade.

Um dia, almoçando em um restaurante e examinando a lista que só fazia crescer, perguntou-nos, exausta: "Abraham, o que devo fazer?"

*Vamos guiá-la. Pegue esta toalha de mesa de papel. Com um traço, divida-a ao meio. No alto, do lado esquerdo, escreva: **Coisas que farei hoje**. No alto, do lado direito, escreva: **Coisas que gostaria que o Universo fizesse**.*

*Lendo a longa lista de suas obrigações, selecione o que realmente precisa fazer no dia. Mas apenas as coisas que pretende fazer de qualquer maneira, e coloque-as no lado esquerdo da toalha de mesa, sob o título **Coisas que farei hoje**. Coloque todas as outras tarefas no lado do Universo.*

Examinando a lista, Esther achou muitas coisas que *realmente* precisava fazer naquele dia e colocou-as no lado esquerdo da toalha. E começou a transferir a longa lista das outras tarefas para o lado referente ao Universo, uma a uma, sentindo-se cada vez mais leve.

Explicamos a Esther que para realizar qualquer tarefa são necessárias duas coisas: identificar o objeto do desejo e sair do caminho para que ele aconteça. Ou seja: peça e depois ache uma maneira de conseguir a vibração que permita acontecer.

Quando Esther examinava sua longa lista das tarefas que lhe pareciam inevitáveis – sem fazer a distinção –, estava certamente ampliando seus *pedidos*. Mas seus sentimentos de confusão e sobrecarga eram certamente indicadores emocionais de que ela não estava no estado vibrátil capaz de *permitir* o que estava pedindo.

Ao transferir os itens para o lado do Universo na toalha de mesa, sua resistência começou a diminuir e sua vibração, a aumentar.

Embora Esther não percebesse, seu ponto de atração mudou, e ela imediatamente começou a permitir a realização de seus desejos.

O que Esther experimentou nos dias seguintes a surpreendeu. Conseguiu facilmente realizar as tarefas de sua lista, agora reduzida e prática, e os itens do lado do Universo também se realizaram – mas sem exigir seu tempo nem sua ação. Pessoas para quem ela não conseguia ligar lhe telefonaram. Sem que ela pedisse ou os supervisionasse, seus empregados se dispuseram a ajudar de alguma maneira nas tarefas da lista, e só lhe contaram depois de terminar. O tempo parecia esticar, permitindo que mais coisas fossem feitas.

O processo da *Toalha de Mesa* fez Esther concentrar seus desejos mais especificamente e, pela primeira vez, libertar-se da sua resistência a respeito do que desejava fazer. Porque, quando você pede, sempre recebe – mas tem de permitir.

Abraham, fale-nos mais sobre o processo da Toalha de Mesa

Muitas vezes, Esther tira um papel da bolsa e o divide ao meio com uma linha. No lado esquerdo, ela e Jerry escrevem: *Coisas a fazer hoje: Jerry e Esther*, e, no direito, *Coisas a fazer: Universo.* No lado *deles*, escrevem o que planejam fazer no dia. No outro, o que gostariam que o Universo fizesse.

Agora Esther descobriu que só deve pôr na lista o que *realmente* pretende fazer. Assim, há pouca resistência. Qualquer outra coisa que queira fazer hoje, ou daqui a um ou dez anos, ela escreve do lado direito da lista – e deixa o Universo se ocupar.

Um dia, saindo do restaurante, Jerry perguntou a Esther: "Você quer levar a toalha?" Ela respondeu: "Vou deixá-la aqui para o Universo se ocupar dela." É assim que você vai fazer quando compreender que há uma firme Corrente de Bem-Estar fluindo constantemente para você.

No exato momento em que você diz "eu prefiro", "eu gosto", "eu aprecio" ou "eu quero", as Energias Não Físicas começam a orquestrar a manifestação do seu desejo. Mais rápido do que imagina, a Energia se põe a fluir, e as situações e os fatos passam a acontecer para lhe dar exatamente o que você deseja. Se não houvesse sua resistência, as coisas aconteceriam muito rapidamente.

Você é claro ao dizer o que quer?

Você não tem de ficar repetindo para o Universo o que quer; basta dizer uma vez. Mas a vantagem de continuar falando sobre o seu desejo é que ele vai ficando cada vez mais claro para *você*. Quando diz "quero isso", o Universo começa a responder ao seu pedido. Quando acrescenta "gostaria que isso fosse assim", o Universo o modifica. Você pensa mais e diz: "Um pouco mais disso seria melhor", e o Universo... Viu aonde chegamos? Sendo claro e direto quanto ao que quer, seu desejo está a caminho. Provavelmente a manifestação virá mais tarde, porque em geral há bastante resistência impedindo que você receba imediatamente o que deseja.

Processo nº 11

Planejamento dos Segmentos

Use esse processo:

- Quando quiser que sua própria influência domine durante uma certa parte do dia.
- Quando reconhecer que o potencial de alguma coisa não vai bem e quiser ter certeza de que será como você deseja.
- Quando tempo ou dinheiro forem especialmente importantes e você quiser aproveitá-los ao máximo.

Escala de Valor de Referência Emocional atual

O processo de *Planejamento dos Segmentos* lhe trará mais benefícios quando seu *Valor de Referência Emocional* estiver entre:

(4) Crença/Expectativa Positiva e

(11) Sobrecarga

(Se não tiver certeza de qual é seu *Valor de Referência Emocional* atual, volte ao capítulo 20 e examine as 22 categorias da *Escala de Orientação Emocional.*)

É mais fácil começar com um pensamento leve. Concentre-se nele e faça-o expandir-se, em vez de tentar mudar um pensamento poderoso já expandido. É mais fácil criar uma experiência futura do que mudar uma existente.

Se você tem um problema de saúde e concentra nele sua atenção, você o está projetando para sua experiência futura. Mas, se você se concentra numa experiência futura *diferente*, você ativa a experiência *diferente* e deixa a atual para trás.

Esse é o poder do processo de *Planejamento dos Segmentos*. Nele você define as características vibráteis do tempo futuro. É uma maneira de preparar seu caminho vibrátil para que a viagem seja mais fácil e agradável.

Se seu estado de espírito estiver ruim, indicando que há bastante resistência na sua frequência vibrátil, você normalmente projeta a mesma expectativa vibrátil dos pensamentos negativos para o futuro. Por isso, aconselhamos que você aplique o *Planejamento dos Segmentos* quando estiver se sentindo bem. Se não estiver, tente um dos outros processos para melhorar seu estado de espírito e seu ponto de atração. Quando se sentir melhor, volte ao poderoso processo de *Planejamento dos Segmentos*.

Esse processo vai ajudá-lo a tornar-se mais consciente dos pensamentos em que se concentra e a escolher deliberadamente os pensamentos que oferece. Com o tempo, vai ser mais natural parar por um momento antes de entrar em um novo segmento e dirigir sua intenção ou expectativa.

Você entra num novo segmento sempre que suas intenções mudam: se está lavando louça e o telefone toca, entra em um novo segmento. Quando sai de casa, entra em novo segmento. Quando outra pessoa chega, entra em novo segmento.

Se antes de estar no novo segmento você parar o tempo necessário para começar a escolher o pensamento de expectativa positiva, poderá aprimorar melhor o segmento do que se entrasse nele e o observasse tal como é.

Por exemplo, você está em pleno preparo de um jantar especial, usufruindo o que está fazendo. O telefone toca (você entra em novo segmento), mas você já deixou a secretária eletrônica ligada para não ser interrompido. Houve uma leve mudança no segmento em que você se encontrava, mas foi possível manter o equilíbrio.

Ou o telefone toca (você entra em novo segmento), e você atende porque está esperando uma ligação importante. Mas preparou-se para isso, de modo que o novo segmento seja eficiente e breve: resolve a questão com rapidez e objetividade, como já tinha planejado.

Se você realmente prepara o caminho de suas experiências futuras, o processo de *Planejamento dos Segmentos* o ajuda a controlar suas experiências futuras.

Você pode planejar-se para experiências imediatas ou futuras. Ao constatar como seu pensamento consciente impacta positivamente suas experiências, vai querer repetir isso cada vez mais. Como todos os processos, quanto mais você o aplica, mais capaz se torna, e os resultados são cada vez mais efetivos.

Se o novo segmento inclui algo que você jamais gostou de fazer, o *Planejamento dos Segmentos* não é o melhor processo. É claro que é melhor do que estar despreparado, mas será útil aplicar alguns dos processos que vão do número 13 ao 22.

Abraham, fale-nos mais sobre o Planejamento dos Segmentos

O essencial do processo de *Planejamento dos Segmentos* é identificar claramente o que você quer, de modo a intencionalmente começar a estabelecer a *atração* do que deseja.

Aqui está a chave para a *Criação Intencional*: veja-se como um ímã, atraindo a maneira como se sente em qualquer ponto do tempo. Se sua sensação for de clareza e controle, você vai atrair situações da mesma qualidade. Quando se sentir feliz, situações de felicidade. Quando se sentir saudável, situações de saúde. Quando se sentir próspero, situações de prosperidade. Quando se sentir amado, situações de amor. A maneira como se sente é na verdade seu ponto de atração.

O valor do processo de *Planejamento dos Segmentos* é estimulá-lo a parar várias vezes ao dia e dizer: "É isso que quero deste período de minha experiência de vida. Quero isso e espero que aconteça." Com essas palavras poderosas, você se torna o que chamamos *Escolhedor Seletivo*. Você atrai o que quiser para a sua experiência. Habitue-se a pensar, a cada segmento: "O que quero agora?" *Se quiser muitas coisas ao mesmo tempo, ficará confuso. Mas, quando se concentrar em detalhes do que quer em um determinado momento, trará clareza, poder e rapidez à sua criação. Essa é a importância do* Planejamento dos Segmentos: *fazê-lo parar ao entrar em novo segmento para identificar o que mais deseja, de modo a concentrar sua atenção e levar poder nessa direção.*

Alguns de vocês estão concentrados em *alguns* segmentos do dia. Mas poucos ficam concentrados na *maior parte* do dia. Identifique quais são os segmentos mais importantes e você será como um ímã que atrai planejadamente, ficando na posição de criador em *cada um* dos segmentos ao longo do dia.

Você vai se achar mais produtivo e feliz por estar intencionalmente planejando, permitindo e recebendo. Isso vai lhe dar grande alegria.

Um exemplo de um dia de Planejamento dos Segmentos

Vamos dar um exemplo de um dia onde você planeje intencionalmente cada segmento. Digamos que resolveu aplicar esse processo antes de ir dormir, reconhecendo que entrar no estado de sono é um novo segmento de sua experiência de vida. Deitado, você estabelece a intenção de um sono reparador que descanse seu corpo físico e se imagina acordando repousado no dia seguinte.

Ao abrir os olhos de manhã, reconhece que entrou em novo segmento de sua experiência de vida e que, ao levantar-se, entrará no seguinte. Estabelece sua intenção para aquele período: "Enquanto estou aqui deitado, tenho a intenção de planejar claramente o meu dia. Quero que ele me traga o maior número de experiências alegres." Ali, deitado, começará a sentir vigor e entusiasmo em relação ao dia que começa.

Saindo da cama, você entrou em novo segmento de sua experiência de vida. Antes de escovar os dentes ou tomar banho, estabeleça a intenção de fazer isso de forma prazerosa. Vai ver como atos aparentemente banais, repetidos todos os dias, podem se tornar divertidos. Prepare-se para degustar com calma e alegria seu café da manhã. Você perceberá que, ao comer, vai se sentir rejuvenescido, completo, revigorado. E o alimento vai contribuir muito mais para o seu Bem-Estar.

Quando o telefone tocar, reconheça que está para entrar em outro segmento. Ao ver quem está na linha, estabeleça claramente sua intenção antes de falar. *Escolha* deliberadamente o que é melhor para você: demorar-se mais, ser rápido e objetivo, não responder às solicitações antes de refletir. Ao entrar no carro, estabeleça como intenção ir de um lugar para outro em segurança, mantendo a calma no meio do trânsito, não se deixando estressar pelos engarrafamentos, ouvindo uma música agradável, e assim por diante.

Ao sair do carro, você entrou em outro segmento. Pare um momento e imagine-se caminhando de onde está até onde pretende ir, sentindo-se bem enquanto caminha, com a intenção de tomar consciência da vitalidade de seu corpo e da clareza do seu pensamento enquanto se planeja para o próximo segmento onde vai entrar. Visualize-se cumprimentando a secretária do escritório, os empregados ou o chefe. Imagine-se sempre sorrindo, amável, reconhecendo que aqueles que encontra não planejaram intencionalmente o segmento em que estão, mas sabendo que, por *sua* intenção deliberada, você estará no controle de *sua* experiência de vida e não será envolvido pela confusão, intenção ou influência dos outros.

Naturalmente, seus segmentos serão diferentes a cada dia. No início talvez não identifique rapidamente seus segmentos, mas o fará em breve. Se achar necessário, escreva a lista das intenções referentes a cada segmento. Ao escrever, você estará no mais alto ponto de clareza e concentração. No início do *Planejamento dos Segmentos*, o caderno pode ser valioso.

Não deixe de experimentar, mesmo que não escreva. Você irá logo perceber como o planejamento das intenções é poderoso. A sensação de estar no controle criativo de sua própria experiência de vida é gloriosa.

Processo nº 12

Não Seria Bom se...?

Use esse processo:

- Quando se vir tendendo para o negativo, oferecendo resistência, e quiser mudar para o polo positivo.
- Quando já estiver se sentindo bem e quiser se concentrar mais especificamente em certas áreas de sua vida, tornando-as melhores.
- Quando quiser orientar uma conversa negativa ou potencialmente negativa para um ponto mais positivo, tanto para seu benefício quanto para orientar gentilmente outra pessoa.

Escala de Valor de Referência Emocional atual

O processo de *Não Seria Bom se...?* lhe trará mais benefícios quando seu *Valor de Referência Emocional* estiver entre:

(4) Crença/Expectativa Positiva e

(16) Desânimo

(Se não tiver certeza de qual é seu *Valor de Referência Emocional* atual, volte ao capítulo 20 e examine as 22 categorias da *Escala de Orientação Emocional*.)

Quando você diz "Quero que isso aconteça, mas ainda não aconteceu", está ativando a vibração de seu desejo, mas também a vibração da ausência do que deseja – então, nada muda. Muitas vezes, quando diz apenas "Quero que isso aconteça", continua havendo em você uma vibração não expressa que o mantém num estado que não permite a realização do seu desejo.

Mas quando diz "Não seria bom se esse desejo viesse até mim?" você alcança uma expectativa muito menos resistente.

Assim, esse jogo simples e poderoso causará uma elevação de sua vibração, porque naturalmente o orientará em direção às coisas que deseja. O processo *Não Seria Bom se...?* vai ajudá-lo a obter as coisas que tem pedido, em todas as áreas.

Não seria bom se aproveitássemos ao máximo esse encontro com os amigos?

Não seria bom se a estrada estivesse livre e fizéssemos uma ótima viagem?

O desejo pode ser de achar um belo relacionamento. Por exemplo:

Não seria bom se eu encontrasse um par maravilhoso com que eu pudesse construir uma vida feliz?

Não seria bom se nessa festa eu dançasse o tempo todo?

O jogo *Não Seria Bom se...?* é importante e poderoso porque você está sendo suave em relação ao seu desejo. Se não acontecer, não é o fim do mundo. É uma vibração mais delicada.

Digamos que você quer perder peso. Seguem alguns exemplos:

Não seria bom se eu encontrasse alguma coisa que realmente funcionasse para mim?

Não seria bom se meu metabolismo começasse a cooperar um pouco mais?

É claro que se você está muito acima do peso há bastante tempo é porque, de fato, não permite o emagrecimento. Você poderia deixar o assunto de lado e tentar não pensar mais nele. Mas não é fácil fazer isso, porque seu corpo o acompanha a todos os lugares aonde você vai. Como é difícil tirar esse problema do pensamento, você tem que se forçar a escolher pensamentos agradáveis do tipo *Não seria bom se...?*.

Mais uma coisa: nao espere resultados imediatos. Saiba que tudo vem a seu tempo. Você estimulou, com seu pensamento e seu comportamento, uma comunidade celular, da qual uma boa parte você deseja eliminar. Haverá, então, uma cooperação celular, pois todas as células estarão dispostas a cooperar. Não imagine que as células que serão eliminadas estão prevendo o velório e se lamentando, "Ah, ela vai matar 25% de nós".

O que acontece é uma espécie de alinhamento coletivo. Suas células estão se preparando. Nessa preparação, todas as coisas começam a se alinhar. Seu corpo sabe o que fazer. Ele concordou e entrou em alinhamento com tudo isso. Ao jogar o delicado *Não Seria Bom se...?*, confie na sabedoria celular.

Seja qual for seu desejo, há uma orquestração sendo realizada em resposta ao processo *Não Seria Bom se...?*. Quando jogar e acreditar que tudo o mais se alinhará – isso vai acontecer.

Processo nº 13

Que Pensamento Faz Você se Sentir Melhor?

Use esse processo:

- Quando quiser tomar consciência de como se sente num determinado momento sobre alguma coisa.
- Quando tiver de tomar uma decisão e quiser que seja a melhor possível.
- Quando quiser determinar seu *Valor de Referência Emocional*.
- Quando quiser tomar consciência do seu *Sistema de Orientação Emocional*.

Escala de Valor de Referência Emocional atual

O processo de *Que Pensamento Faz Você se Sentir Melhor?* lhe trará mais benefícios quando seu *Valor de Referência Emocional* estiver entre:

(4) Crença/Expectativa Positiva e

(17) Raiva

(Se não tiver certeza de qual é seu *Valor de Referência Emocional* atual, volte ao capítulo 20 e examine as 22 categorias da *Escala de Orientação Emocional*.)

Cada questão, na verdade, apresenta dois aspectos: algo que você deseja e a ausência do que deseja. Se você não entender que se trata de frequências vibráteis bem diferentes, talvez ache que está concentrado em algo que deseja, quando, na verdade, está concentrado na direção oposta.

Alguns acham que estão concentrados no desejo de ter um corpo saudável, quando na verdade se concentram no medo de ter um corpo doente. Alguns pensam estar concentrados em melhorar a situação financeira, quando estão concentrados no receio de não ter dinheiro suficiente.

As pessoas dizem: "Não sei há quanto tempo desejo isso. Por que ainda não aconteceu?" Porque não estão conscientes de que todo assunto inclui dois aspectos: o que se deseja e a ausência do objeto do desejo. Como já vimos muitas vezes no correr deste livro, só quando você está sensível à maneira como se *sente* – às suas emoções – é que sabe realmente qual o conteúdo de sua vibração. Com alguma prática, você pode conseguir isso.

O processo *Que Pensamento Faz Você se Sentir Melhor?* vai ajudá-lo a conscientemente identificar a frequência vibrátil de seu pensamento atual. O jogo é mais eficiente quando se está sozinho, longe da influência ou pressão de outras pessoas.

É importante deixar de lado ideias, desejos, opiniões e crenças de outras pessoas enquanto você identifica, por si só, como se sente.

Quando jogar?

São infinitas as possibilidades de pensamentos que você pode ter a respeito de vários assuntos, mas sua experiência de vida vai ajudá-lo a identificar as questões em que pode querer se concentrar.

Esse jogo é especialmente útil quando você tiver vivido uma experiência que lhe causou muitos pensamentos negativos.

Entendendo que o pensamento negativo indica a resistência que o mantém afastado das coisas que realmente deseja, você decide fazer algo para se libertar de alguma resistência em relação à questão que foi energizada.

Um exemplo do processo Que Pensamento Faz Você se Sentir Melhor?

Esse processo é mais eficaz se você puder sentar por alguns minutos e escrever seus pensamentos em um papel. Depois de praticar por algum tempo, vai conseguir ser bem-sucedido apenas deixando os pensamentos rolarem na mente, mas escrever dá maior concentração, tornando mais fácil sentir a direção do pensamento escolhido.

Para começar: escreva como se *sente* sobre a questão que surgiu naquele momento. Pode descrever o que aconteceu, mas o mais importante é descrever como se sente.

Em seguida, escreva uma afirmação que *amplie* a descrição do seu sentimento. Isso vai ajudá-lo a reconhecer qualquer melhora, à medida que o processo se desenvolve.

Por exemplo, você acabou de discutir com sua filha porque ela não ajuda nas tarefas domésticas nem toma conta das próprias coisas. Parece não se importar com seus esforços para manter a casa em ordem. Não só não ajuda como faz questão de atrapalhar. Você então escreve:

Ela (ou escreva o nome de sua filha) está intencionalmente tentando dificultar minha vida.
Ela não se importa comigo.
Ela nem mesmo arruma suas próprias coisas.

Depois de escrever frases que descrevem mais exatamente como se sente no momento, pense: *Vou procurar outros pensamentos sobre este assunto que façam me sentir melhor.*

Tendo escrito cada pensamento, avalie se você se sente melhor, igual ou pior do que no início. Você escreve, por exemplo:

Ela nunca me ouve. (igual)
Quero que ela seja mais responsável. (igual)
Não tenho de ficar catando o que ela larga pela casa. (igual)
Devia tê-la educado melhor. (pior)
Gostaria que o pai dela me desse mais apoio. (pior)
Para mim, é importante ter a casa limpa. (um pouco melhor)
Sei que ela tem um monte de coisas ocupando sua cabeça. (melhor)
Eu me lembro bem do que é ser adolescente. (melhor)
Eu me lembro de quando ela era um amor de garotinha. (melhor)
Gostaria que ela ainda fosse aquele amor de garotinha. (pior)
Não sei o que fazer a respeito. (pior)
Bem, não tenho de resolver isso hoje. (melhor)
Há muitas coisas nela que adoro. (melhor)
Eu sei que há coisas mais importantes do que uma casa limpa. (melhor)
Eu deveria me sentir bem por querer ter uma casa limpa. (pior)
É certo eu querer ter uma casa limpa. (melhor)

Lembre-se de que não há afirmações certas ou erradas. Só você pode saber quais são os pensamentos que o fazem se sentir melhor ou pior. Esse processo é importante porque faz você tomar consciência do efeito que causa cada pensamento. E, assim, vai poder escolher aqueles que o fazem se sentir melhor.

Muitos talvez perguntem: "De que adianta me sentir melhor a respeito dos maus hábitos de minha filha? Meus pensamentos não vão mudar seu comportamento."

Queremos lhe dizer que seus pensamentos mudam o comportamento de todos e de qualquer coisa relacionada a você. Porque seus pensamentos são o mesmo que seu ponto de atração, e, quanto melhor você se sentir, tudo ficará melhor ao seu redor, pessoas e coisas. No momento em que encontrar um sentimento melhor, as condições e as circunstâncias mudarão para sintonizar com seu sentimento.

O processo *Que Pensamento Faz Você se Sentir Melhor?* vai

ajudá-lo a começar a entender o poder que seus pensamentos têm de influenciar tudo à sua volta.

Abraham, fale-nos mais sobre o processo Que Pensamento Faz Você se Sentir Melhor?

Quando você acredita que o Universo vai conspirar para satisfazer todas as suas ideias, então deixará as ideias chegarem. Mas, enquanto ficar preso às limitações, vai deixar que estas predominem.

Talvez você diga: "Nossa situação atual não nos permite fazer tudo o que queremos. Queremos reformar a cozinha, mas sem ficar endividados. Então, o que fazer com as ideias que surgem?" E nós respondemos: *será que todas as ideias têm de se concretizar exatamente agora? Ou você pode começar a ter prazer com a própria ideia?*

Se você ficar sonhando com a cozinha e planejando a reforma, sem querer determinar prazos, pode sentir muito prazer. Mas, se quiser impor datas, a falta de tempo e dinheiro talvez entre em conflito com a Energia, deixando-o infeliz e fazendo-o desejar nunca ter tido a ideia. A alternativa é pensar: "Temos muito tempo para reformar cozinhas. Agora, estamos usufruindo as ideias que nos ocorrem!" Então, um dia, talvez você se mude para uma nova casa e se surpreenda ao ver que já tem todas as coisas que havia desejado. E chegará a hora em que terá dinheiro e tempo suficientes. O Universo vai lhe proporcionar tudo isso em resposta às ideias que teve e que deixou fluir livremente.

Não há certo ou errado

Se o desejo faz você se sentir bem, tudo vai bem. Se provoca mal-estar, isso significa que você tem um desejo que está indo além da sua crença. Nesse caso, para melhorar o sentimento, você pode dizer: "Não temos de fazer isso agora. Vamos guardar essa ideia para o futuro, porque sabemos que é boa. Ela não combina com a nossa situação atual, mas o dia chegará. Por enquanto, é bom pensar nela."

Que pensamento faz você se sentir melhor? Ter o que quer imediatamente e ficar endividado, ou dizer: "Isso é uma coisa com que estamos sonhando, mas podemos esperar..."

Cada pessoa acha o seu caminho. *Não há certo ou errado. O que faz você se sentir melhor? Você, estamos falando de **você**!*

Que pensamento faz você se sentir melhor? Ficar devendo ou esperar? *Esperar.* Que pensamento faz você se sentir melhor? Ficar com raiva porque sua cozinha não é tão moderna quanto gostaria ou reconhecer que é uma cozinha que lhe serve bem por enquanto e que vai continuar melhorando – tal como você? Que pensamento faz você se sentir melhor?

O que faz você se sentir melhor? Apreciar ou condenar? Alegrar-se com o que fez ou criticar e se culpar, dizendo que não fez o bastante?

Pense sobre isso: *Que pensamento faz você se sentir melhor?*

Processo nº 14

Arrumar a Desordem para Entender Melhor

Use esse processo:

- Quando ficar estressado com a própria desorganização.
- Quando sentir que leva muito tempo procurando coisas.
- Quando evitar ficar em casa por se sentir melhor em outro lugar.
- Quando sentir que não tem tempo suficiente para fazer tudo o que precisa.

Escala de Valor de Referência Emocional atual

O processo de *Arrumar a Desordem para Entender Melhor* lhe trará mais benefícios quando seu *Valor de Referência Emocional* estiver entre:

(4) Crença/Expectativa Positiva e

(17) Raiva

(Se não tiver certeza de qual é seu *Valor de Referência Emocional* atual, volte ao capítulo 20 e examine as 22 categorias da *Escala de Orientação Emocional*.)

Um ambiente desordenado pode causar um ponto de atração desordenado. Se você está rodeado de trabalho inacabado, cartas sem resposta, contas não pagas, tarefas a fazer, pilhas de papel, revistas diversas, catálogos, toda espécie de coisas – isso vai afetar negativamente sua experiência.

*Tudo carrega uma vibração própria, e, como você estabelece uma relação vibrátil com tudo na vida, seus pertences **têm** um impacto sobre a maneira como você se sente e sobre seu ponto de atração.*

Há dois grandes obstáculos a vencer na hora de se livrar das coisas. O primeiro: você pode decidir jogar alguma coisa fora e logo depois descobrir que precisava dela. Fica então com medo de jogar *qualquer coisa* fora. O segundo: percebe que, para realmente se organizar, levará muito mais tempo do que pretendia, pois, todas as vezes que tentou, empacou no meio do caminho e acabou vítima de uma confusão maior.

O processo de *Arrumar a Desordem para Entender Melhor* elimina esses obstáculos porque é um procedimento que pode ser realizado de maneira extremamente rápida, sem correr o risco de descartar coisas valiosas das quais poderá precisar depois.

Para iniciar o processo, compre várias caixas de papelão com tampas. É melhor que tenham o mesmo tamanho e a mesma cor. Assim, empilhadas, ficarão em ordem. Sugerimos que comece com um mínimo de 20 caixas, mas talvez precise de um número maior ao descobrir o poder produtivo do processo. Tenha fichas com o alfabeto e um gravador portátil.

Primeiro, junte as caixas e ponha cinco ou seis delas no meio do cômodo que quer organizar. Numere cada caixa, em ordem crescente. Olhe em volta, concentre-se num objeto e pergunte-se: "Vou precisar disso imediatamente?" Se a resposta for sim, deixe-o onde está. Se não, coloque-o em uma das caixas. Escolha outro objeto e continue o processo.

Uma grande vantagem desse processo é que você não fará muitas classificações imediatamente. Você apenas tira obstáculos do seu ambiente.

Ao colocar cada objeto na caixa, diga no gravador, por exemplo: "Pacote fechado de cordas de violão, caixa número um", ou "Celular velho, caixa número dois". Se não tiver gravador, pode anotar em um caderno, mas é mais trabalhoso. Com cinco ou seis caixas abertas ao mesmo tempo, você pode fazer uma classificação geral. Todas as revistas, por exemplo, podem ir para uma caixa, em outra você coloca roupas, uma terceira fica para miudezas. Não se preocupe muito com a seleção, apenas escolha o item e determine se ele é necessário imediatamente. Não sendo, ponha-o na caixa e registre no gravador em que caixa está. Mais tarde, você pode passar uma hora mais ou menos ouvindo a fita e anotando nas fichas com o alfabeto, de acordo com o item.

Como não estará fazendo uma separação definitiva, o processo será rápido. Vai descobrir que se sentirá melhor à medida que o espaço estiver mais arrumado e não mais se preocupará com o fato de não encontrar alguma coisa, porque terá registrado onde todas estão.

A seguir, arranje um lugar onde colocar as caixas, certificando-se de não ter colocado nelas coisas de uso imediato. Se mais tarde precisar do *pacote fechado de cordas de violão*, seu cartão vai lhe dizer em que caixa está.

Depois de algumas semanas, percebendo que não precisou de nada do que está na caixa número três, por exemplo, pode retirá-la da casa, colocando-a num depósito. Passado mais tempo, talvez queira se livrar do conteúdo da caixa três, deixando-a disponível para outras coisas que possam surgir. Continuando o processo, você vai sentir uma grande tranquilidade por saber que agora tem controle sobre seu ambiente.

Às vezes as pessoas nos afirmam que não se aborrecem com a desordem. Dizemos então que esse processo não é necessário para elas. Mas, como cada objeto tem sua vibração, quase todo mundo se sente melhor num ambiente organizado.

Abraham, fale-nos mais sobre Arrumar a Desordem para Entender Melhor

Os Seres no estado físico têm o hábito de juntar coisas. Depois, a maioria passa boa parte do tempo procurando o que juntou, o que gera um grande estresse. O vazio provoca tristeza, e é por isso que as pessoas muitas vezes tentam preenchê-lo com objetos. Compram mais ou comem mais e usam maneiras criativas para preencher o vazio. Por isso aconselhamos: *Livrem-se de tudo que não seja essencial para vocês* **agora**.

Se você conseguisse se livrar das roupas que não está usando, doando-as e abrindo mais espaço, as coisas que estão em maior harmonia com você fluiriam mais facilmente para a sua experiência. *Todos vocês têm a capacidade de atrair, mas, quando o processo é obstruído por coisas que não querem mais, a nova atração é mais lenta – e vocês acabam com um sentimento de frustração e sobrecarga.*

Imagine-se num ambiente sem desordem

Nunca foi tão importante visualizar uma casa arrumada. Imagine-se num ambiente bastante claro – um espaço totalmente em ordem – onde você sabe o lugar de cada coisa. Imagine um local arrumado e confortável. Apenas imagine. Seu objetivo é *sentir* alívio.

Esther, de vez em quando, se lembra de sua mãe cuidando do imenso gramado da casa onde moravam, numa época em que não havia cortadores de grama elétricos. E se lembra especialmente de uma vez em que a mãe cortou a grama, ligou o borrifador para molhar o terreno e se sentou na varanda, usufruindo o que tinha feito. Esther sentou-se a seu lado e sentiu o cheiro da grama recém-cortada e de terra molhada. E pôde perceber um incrível sentimento de paz e felicidade que vinha da mãe.

Jerry e Esther experimentam o mesmo sentimento no final de

alguns de seus seminários. É o prazer de um trabalho bem feito. Como se tudo se alinhasse.

Então, o que você tem de fazer, antes de tudo, é achar o lugar que provoca esse sentimento de Bem-Estar. Se encontrar, e a Energia se alinhar, então tudo de que você precisa – clareza, ideias e ajuda – virá, fazendo a realidade física se adequar a você.

Em apenas uma ou duas horas você pode arrumar a desordem de um cômodo. Basta pegar uma coisa de cada vez e colocar na caixa. Sabendo onde as coisas estão, por causa do gravador, uma noite em que estiver pouco ocupado, você poderá ouvir a gravação. Com as fichas, saberá que o velho álbum de retratos se encontra na caixa um e se quiser mostrá-lo aos seus netos saberá onde encontrá-lo.

O poder do processo de *Arrumar a Desordem para Entender Melhor* é a rapidez com que é feito. E haverá menos resistência, porque tudo o que você quiser estará à mão e localizável.

Constatamos que a maioria das pessoas que aplicaram esse sistema raramente voltou a precisar das coisas colocadas nas caixas. Ao ver que não precisou de alguma coisa das caixas por um ou dois anos, você vai se sentir mais livre para doá-la ou jogá-la fora. Nesse meio tempo, sua vida ficou desobstruída e, assim, livre da resistência.

Processo nº 15

Carteira

Use esse processo:

- Quando quiser atrair mais dinheiro.
- Quando quiser melhorar seus sentimentos atuais em relação a dinheiro para permitir que ele flua mais em sua vida.
- Quando quiser adicionar mais força a um desejo específico.
- Quando sentir que falta dinheiro em sua vida.

Escala de Valor de Referência Emocional atual

O processo de *Carteira* lhe trará mais benefícios quando seu *Valor de Referência Emocional* estiver entre:

(6) Esperança e

(16) Desânimo

(Se não tiver certeza de qual é seu *Valor de Referência Emocional* atual, volte ao capítulo 20 e examine as 22 categorias da *Escala de Orientação Emocional*.)

Talvez as vibrações mais praticadas na sua cultura sejam as relacionadas a dinheiro, pois muitos o veem como o meio pelo qual flui boa parte de seu Bem-Estar físico.

Mas muitas pessoas, sem perceber, se concentram mais na *falta* de dinheiro do que na *presença* dele, e assim mantêm-se afastadas do que desejam.

O natural é que todo tipo de abundância flua facilmente na sua experiência. O processo da *Carteira* vai ajudá-lo a oferecer uma vibração sintonizada com o recebimento de dinheiro, em vez de afastá-lo.

Eis o processo: coloque uma nota de 100 reais na sua carteira. Mantenha a carteira o tempo todo com você e, sempre que segurá-la, lembre que a nota está ali. Sinta prazer nisso e pense na segurança que ela lhe traz.

Ao longo do dia, anote as várias coisas que poderia comprar com a nota de 100 reais. Passando por um restaurante, pense que, se quisesse, poderia entrar e ter uma bela refeição. Vendo uma vitrine, pense que, se quisesse, poderia comprar uma roupa, porque tem 100 reais na carteira.

Guardando a nota, não a gastando imediatamente, você recebe a vantagem vibrátil dela, bastando *pensar* nisso. Se a gastasse na primeira coisa que visse, receberia o benefício de *sentir* seu bem-estar financeiro apenas uma vez. Mas, se gastar *mentalmente* os 100 reais 20 ou 30 vezes num dia, vai receber o benefício do *sentimento* vibrátil de ter gastado dois ou três mil reais.

Cada vez que reconhece ter, bem ali na sua carteira, o poder de comprar uma coisa e outra, sua sensação de bem-estar financeiro aumenta e seu ponto de atração começa a mudar.

Você não tem de *ser* rico para atrair *riqueza*, mas tem de se *sentir* rico. Por outro lado, *qualquer sentimento de falta de riqueza causa uma resistência que impede a riqueza.*

Se você gastar seu dinheiro mentalmente várias vezes, estará praticando a vibração de Bem-Estar, de segurança, de riqueza e de segurança financeira, e o Universo responde à vibração que você alcançou, sintonizando-a com a manifestação de riqueza.

Coisas que parecem mágicas vão começar a acontecer assim que você alcançar o maravilhoso sentimento de abundância financeira. O dinheiro que você ganha vai parecer durar mais. Quantias inesperadas de dinheiro começarão a aparecer. Seu empregador vai ter vontade de lhe dar um aumento. Você receberá desconto numa compra. Pessoas lhe oferecerão dinheiro. Vai descobrir que coisas que queria, pelas quais pagaria, chegarão até você sem qualquer custo. Serão oferecidas oportunidades de "ganhar" toda a riqueza que acredita ser possível... Com o tempo, você vai ter a sensação de que uma comporta de abundância se abriu.

É um processo simples, mas poderoso, que vai mudar seu ponto financeiro de atração. Embora não haja limite para o que o Universo pode lhe trazer, você tem de se sentir bem em relação a dinheiro para permitir que ele flua na sua experiência.

Abraham, fale-nos mais sobre o processo da Carteira

Não se preocupe se você continuar tendo pensamentos sobre a *ausência* das coisas, porque é natural que eles ocorram. Ofereça deliberadamente mais pensamentos ligados à riqueza e à prosperidade que deseja. Ao longo do dia, percebendo em quantas coisas poderia gastar seus 100 reais, você estará utilizando intencionalmente a Energia Não Física para aumentar seu sentimento de prosperidade.

Alguém, uma vez, disse: "Abraham, está claro que faz tempo que você não tem um corpo físico, pois não se vai muito longe com 100 reais." E nós respondemos: *Você não entendeu. Se você gasta 100 reais mil vezes por dia, gastou o equivalente a 100 mil. Você verá como isso vai reforçar seu sentimento de prosperidade. Seu ponto de atração é a maneira como você* **se sente**.

Processo nº 16

Colocar nos Eixos

Use esse processo:

- Quando tiver consciência de que a afirmação que acabou de fazer é o contrário do que quer atrair para a sua experiência.
- Quando quiser estabelecer um ponto de atração mais aprimorado.
- Quando estiver se sentindo muito bem, mas souber que pode se sentir ainda melhor, e estiver disposto a se empenhar para que isso aconteça imediatamente.

Escala de Valor de Referência Emocional atual

O processo de *Colocar nos Eixos* lhe trará mais benefícios quando seu *Valor de Referência Emocional* estiver entre:

(8) Tédio e

(17) Raiva

(Se não tiver certeza de qual é seu *Valor de Referência Emocional* atual, volte ao capítulo 20 e examine as 22 categorias da *Escala de Orientação Emocional*.)

Sem que você se dê conta, é possível estar concentrado em oposição vibrátil ao que realmente deseja. É como pegar um bastão pelas extremidades: a do que você quer ou a do que não deseja. O processo de *Colocar nos Eixos* vai ajudá-lo a tomar consciência da extremidade do bastão que você está realmente ativando e a escolher mudar para a outra.

Há uma grande variação de vibração entre uma extremidade e outra, e o processo de *Colocar nos Eixos* muitas vezes é o primeiro passo para começar a mudar seu hábito de vibrações, porque vai ajudá-lo a definir mais claramente o que deseja.

Por exemplo, quando você está doente, claramente quer estar bem. Quando não tem dinheiro suficiente, sabe claramente que quer mais dinheiro. Dirigindo sua atenção para o que realmente *quer* e mantendo sua atenção no que *realmente* quer, vai começar a vibrar *ali*.

No início, sua consciência do que não quer o ajuda a identificar o que quer. Mas, ao falar o que deseja, sua vibração pode não combinar com suas palavras, porque você ainda está concentrado no que não quer. É aí que entra o processo de *Colocar nos Eixos*. Quando tiver sentimentos negativos – o que o faz saber que está concentrado em algo não desejado –, você vai parar e dizer: *Sei o que **não** quero. Então o que é que eu **realmente** quero?* Com o tempo, concentrando-se no que deseja de fato, sua vibração sobre o assunto vai mudar, e a vibração aprimorada irá, aos poucos, se tornar seu pensamento dominante.

Aproveite os resultados positivos que se seguirão ao processo de *Colocar nos Eixos*. Se você der total atenção ao que *realmente* quer, é impossível deixar de receber, porque a *Lei da Atração* garante que qualquer coisa em que você esteja predominantemente concentrado fluirá na sua experiência.

Abraham, fale-nos mais sobre o processo de Colocar nos Eixos

A coisa mais importante a lembrar é que você atrai a sua experiência por causa dos pensamentos que oferece. Os pensamentos são como ímãs. Um pensamento vai atrair outro, e mais outros, até que finalmente você terá a manifestação concreta da essência vibrátil de qualquer assunto em que tenha pensado.

Se já passou (e sabemos que passou) pelo que considera uma emoção negativa (como medo, dúvida, frustração ou solidão), o que está experimentando nela é resultado de um pensamento que não vibra numa frequência em harmonia com seu *Eu Interior*.

Se você sentasse sobre seu pé, cortando a circulação do fluxo sanguíneo, ou se pusesse um torniquete em volta do pescoço, restringindo o fluxo de oxigênio, logo veria as consequências desta restrição. Da mesma forma, quando tem pensamentos que não estão em harmonia com seu conhecimento maior, o fluxo da Força Vital – *a Energia que vem do seu Eu Interior para seu aparato físico* – é sufocado ou restringido. O resultado é que você passa por uma emoção negativa. Se permitir que isso continue por muito tempo, seu aparato físico vai deteriorar. Por isso dizemos que toda doença resulta da permissão da emoção negativa.

Mude do indesejado para o desejado

Quando você tem um sentimento negativo, esta é uma boa ocasião de identificar o que quer. Pare e diga: *Tem alguma coisa importante aqui, pois estou sentindo uma emoção negativa; preciso me concentrar no que quero.* Ao fazer a mudança, a emoção e a atração negativas vão parar, dando lugar à atração positiva. Seus sentimentos se transformarão, e você passará a se sentir bem. Esse é o processo de *Colocar nos Eixos*.

Um jovem pai nos procurou e disse: "Abraham, meu filho faz xixi na cama e já está grande para isso. Tentei de tudo, não sei mais o que fazer." Perguntamos: *Quando você entra no quarto de manhã, o que acontece?* Ele respondeu: "Quando vejo a cama molhada, sei que aconteceu de novo." Indagamos: *Como você se sente?* Ele suspirou: "Desapontado, depois zangado e frustrado, porque continua a acontecer." Afirmamos: *Ah, você está perpetuando o problema!* Ele indagou, ansioso: "O que devo fazer?" Perguntamos: *O que você diz para seu filho?*

O pai respondeu: "Mando ele sair da cama e entrar no banho. Digo que já está muito grande para fazer xixi na cama e que já conversamos sobre isso." Então, aconselhamos: *Quando entrar no quarto e sentir uma emoção negativa ao perceber que o que você não queria voltou a acontecer, pare e pergunte-se o que* **realmente** *quer, e concentre os pensamentos no seu desejo, antes de ir adiante. Você verá que tudo vai melhorar. O que é que você realmente quer?* Ele respondeu: "Quero que meu filho acorde feliz, seco e orgulhoso de si, não envergonhado." Acrescentamos: *Ótimo. Tendo esse tipo de pensamento, o que está vindo de você estará em harmonia com o que quer, não em desarmonia. E você também estará influenciando seu filho de forma mais positiva e poderosa. Assim, você dirá coisas como "Ah, isso faz parte do crescimento. Todos nós passamos por essa fase. Você está crescendo e logo vai resolver isso. Agora saia da cama e entre no banho".*

O jovem pai nos telefonou poucas semanas depois dizendo que o filho não molhava mais a cama.

Como vê, é simples. Quando você se sente mal, está no processo de atrair algo que o desagrada, porque está concentrado na falta daquilo que deseja. O processo de *Colocar nos Eixos* é a decisão consciente de identificar o que você deseja. A emoção negativa é útil, porque pode alertar para o fato de você estar atraindo o negativo. É como uma sirene. É parte do seu sistema de orientação.

Recomendamos veementemente que você não se culpe por ter emoções negativas. Mas, quando as identificar, pare e diga: *Estou tendo emoções negativas, o que significa que estou em processo de atrair o que não quero. O que* **realmente** *quero?*

Uma forma simples seria afirmar: *Quero me sentir bem.* Sempre que estiver se sentindo mal, pare e diga: *O que eu quero é me sentir bem.* Se você oferecer isso, os pensamentos começarão a vir do lado positivo. E, como um pensamento puxa outro, que puxa outro, e assim por diante, você logo estará vibrando na frequência em harmonia com seu saber maior. E estará tomando impulso em termos de criação positiva.

Pensamentos se conectam a pensamentos, que se conectam a pensamentos

Vamos voltar à imagem das extremidades do bastão. Quando você segura a extremidade negativa por muito tempo, fica vulnerável aos pensamentos negativos que o cercam e corre o risco de não se dar conta de que suas emoções negativas são um sinal de que está atraindo o negativo. Mas, no momento em que toma consciência disso e deseja deliberadamente sentir-se bem, consegue largar essa extremidade e concentrar-se na positiva.

Assim, os processos de *Colocar nos Eixos* e o do *Livro dos Aspectos Positivos* são oferecidos para ajudá-lo a reconhecer (nos primeiros estágios) que você está segurando a extremidade negativa do bastão e que pode soltá-la imediatamente e procurar a positiva.

Já que falamos da maneira como os pensamentos se conectam uns aos outros, queremos destacar um ponto que talvez você não tenha percebido: *É muito mais fácil ir de um pequeno pensamento que o faz se sentir bem para outro que o faça se sentir bem, para outro que o faça se sentir bem... do que estar num lugar onde se sinta mal e de lá ir para um lugar onde se sinta bem.*

Salve a si mesmo

Nós o estimulamos a praticar o exercício de *Colocar nos Eixos*. Você tem duas alternativas: a primeira consiste em passar o dia sem ter ideias claras sobre o que quer, exposto a influências externas de que não gosta e só procurando *mudar de eixo* ao sentir as respostas negativas. A segunda é decidir conscientemente, logo no começo do dia, que irá procurar deliberadamente os aspectos positivos de qualquer questão. Cada vez que um pensamento ou emoção negativos quiserem tomar conta de você, o encontrarão preparado para identificá-los e mudar.

Salve a si mesmo, concentre-se no que faz você se sentir bem. O processo de *Colocar nos Eixos* é a ferramenta que vai trazer o que você deseja. É o processo através do qual você decide conscientemente: *Sim, quero procurar o que desejo e não vou mais olhar na direção da falta.*

O processo de Colocar nos Eixos *é contínuo, hora a hora, segmento por segmento, sempre escolhendo o positivo. É a maneira de você se sentir bem – e a maneira de conseguir qualquer coisa.*

Processo nº 17

Roda da Fortuna

Use esse processo:

- Quando perceber que seu *Ponto de Atração Vibrátil* não está onde você quer.
- Quando tiver consciência de que está tendo emoções negativas a respeito de algo importante e quiser encontrar um meio de mudar para emoções positivas.
- Quando algo que acabou de acontecer não lhe agradar, e você quiser pensar a respeito enquanto aquilo está na sua mente e mudar seu ponto de atração para que não volte a acontecer.
- Quando desejar sentir alívio.

Escala de Valor de Referência Emocional atual

O processo de *Roda da Fortuna* lhe trará mais benefícios quando seu *Valor de Referência Emocional* estiver entre:

(8) Tédio e

(17) Raiva

(Se não tiver certeza de qual é seu *Valor de Referência Emocional* atual, volte ao capítulo 20 e examine as 22 categorias da *Escala de Orientação Emocional*.)

As experiências da vida levam as pessoas a crenças que as impedem de receber algo que desejam. Embora essas crenças não as ajudem, as pessoas continuam se apegando aos fatos desagradáveis justificados por elas, afirmando: "Afinal, eles são verdadeiros."

Às vezes, alguém nos diz: "Mas Abraham, não posso ignorar isso, pois é verdade!" E nós respondemos: *Só é verdade porque alguém o tornou verdadeiro, dando-lhe atenção.* Mas você não precisa fazer o mesmo.

Há muitas coisas verdadeiras que você *realmente* deseja. E há muitas coisas verdadeiras que *não* deseja. Estimulamos você a dar atenção às coisas que *realmente* deseja – e tornar essas coisas maravilhosas a verdade da experiência da *sua* vida.

É impressionante, mas a maioria das pessoas não orienta intencionalmente os pensamentos para as coisas que as fazem sentir-se bem. Assim, sem perceberem, desenvolveram e continuam a repetir padrões de pensamentos nocivos.

O processo da *Roda da Fortuna* foi criado para ajudá-lo a mudar seus padrões vibráteis nos assuntos que não lhe fazem bem. Praticando-o, você pode literalmente transformar seus pensamentos num sentimento melhor e, assim, num ponto de atração melhor.

Recomendamos que dedique a esse processo de 15 a 20 minutos sempre que sentir uma forte emoção negativa em relação a algo ocorrido ou quando quiser ter mais clareza a respeito de alguma coisa.

Neste processo, você faz uma afirmação geral sintonizada com o seu desejo. Percebe a sintonia porque sente um grande alívio. A afirmação o tranquiliza, faz você se sentir melhor. Feita a afirmação, concentre-se nela um pouco, aumentando-a, exagerando-a ou deixando fluir outro pensamento ligado a ela. Permaneça assim por ao menos 17 segundos. À medida que outros pensamentos se juntarem ao primeiro, irá aumentando o ímpeto à crença que você está afirmando.

Um exemplo do processo da Roda da Fortuna

Eis como iniciar o processo da *Roda da Fortuna*: num papel, desenhe um grande círculo. Dentro deste, faça um círculo menor, com uns 5 cm de diâmetro. Sente-se e fixe os olhos no círculo pequeno.

Depois, feche os olhos por um momento e dirija sua atenção para o acontecimento que lhe causou a emoção negativa. Identifique exatamente aquilo que não deseja.

Nesse ponto, diga para si mesmo: *Sei claramente o que **não** quero. O que é que eu quero de verdade?*

É bom tentar identificar o que não deseja, assim como o que deseja, e o que quer *sentir* a respeito. Por exemplo:

Sinto-me gordo, quero me sentir mais magro.
Sinto-me pobre, quero me sentir próspero.
Sinto-me desprezado, quero me sentir amado.
Sinto-me enganado, quero me sentir respeitado.
Sinto-me doente, quero me sentir bem.
Sinto-me impotente, quero sentir meu poder.

Em seguida, escreva em torno da borda externa do círculo maior as afirmações que sintonizam com o que *realmente* deseja. Quando a afirmação não estiver sintonizada, você a descarta.

Esse processo da *Roda da Fortuna* é eficiente porque as afirmações que você escreve são as que escolheu intencionalmente. São afirmações em que já acredita, sintonizadas com o que deseja. E o processo funciona porque a *Lei da Atração* é tão poderosa que quando você tem um pensamento durante ao menos 17 segundos outro pensamento vai se juntar a ele e os dois juntos geram uma combustão que torna seus pensamentos ainda mais poderosos.

Quando você faz uma afirmação geral, é mais provável que esteja sendo puro no seu pensamento do que quando faz uma afirmação específica. Com a *Roda da Fortuna*, você faz afirmações gerais em que já acredita. Mantendo-as por cerca de 17 segundos, você terá a oportunidade de oferecer uma vibração pura cada vez mais específica quanto ao seu desejo.

Vamos dar um exemplo: digamos que você está acima do peso e pretende escrever "Sinto-me bem em relação a meu corpo". Mas, se começar com essa frase, você não se sentirá bem, o que lhe mostra que não se alinhou com a Energia, porque a afirmação fez você tomar consciência de que se sente gordo.

Você pode ir escolhendo outras afirmações, até encontrar uma que o faça se sentir bem. Pode ser "De um modo geral, meu corpo está bem". Agora você acredita no que disse e se sente confortável com a afirmação.

Ao escrever essa afirmação em torno do círculo e se concentrar nela, você se sente muito bem. Então, faça outra afirmação. Pode dizer algo como "Este corpo físico tem sido bom para mim". Você acredita nisso. A afirmação funciona e você começa a se sentir melhor, com uma agradável sensação de alívio. Não está mais com tanta raiva de si mesmo. Sua vibração está se elevando.

Continue acrescentando pensamentos que o façam se sentir bem. Comece do ponto que seria meio-dia num relógio e continue a cada hora, até ter 12 afirmações que lhe deem conforto.

Vamos em frente. Digamos que você se sente gordo. Alguma experiência trouxe isso à sua mente, provocando uma forte emoção negativa. Pegue o papel, desenhe um círculo no centro da página e, dentro dele, escreva, por exemplo: *Quero me sentir magro.*

Concentre-se no assunto e tente achar pensamentos sintonizados com o que deseja *sentir*, observando as emoções que eles despertam. Fique apenas com os pensamentos que o façam se sentir bem.

Minhas irmãs são magras e bonitas.

Esse pensamento não o faz se sentir bem. Destaca o sucesso alheio e aumenta sua sensação de fracasso.

Vou achar alguma coisa que funcione para mim.

Esse pensamento o faz se sentir um pouco melhor do que os anteriores, mas faz lembrar suas tentativas fracassadas.

Sei que outras pessoas já passaram por essa situação e encontraram alguma coisa que funcionou para elas. Com esse pensamento, você experimenta um certo alívio e se sente um pouco melhor. Lembre-se de que não está procurando a solução definitiva; está apenas tentando descobrir um pensamento que a faça se sentir bem e que se sintonize com seu desejo. Escreva-o então na sua página, na posição do meio-dia, e volte a procurar outros pensamentos do mesmo tipo. À medida que lhe vierem pensamentos que lhe façam bem, vá escrevendo na posição das horas. Descarte os que lhe causam desconforto.

Quando chegar à posição das 11 horas, circule com força as palavras que escreveu no centro da sua *Roda da Fortuna* e perceba que agora realmente sente um alinhamento vibrátil mais próximo com esse pensamento. Há apenas alguns minutos você estava distante dessa vibração.

Abraham, fale-nos mais sobre o processo da Roda da Fortuna

Dissemos várias vezes que seu poder se encontra no presente porque – mesmo pensando no passado ou no futuro – tudo o que você está fazendo é agora. Está vibrando agora. A oferta vibrátil é *agora*. A permissão para que a Força Vital flua através de você está acontecendo aqui e agora.

A *Roda da Fortuna* é a melhor ferramenta que achamos para ajudá-lo na tarefa de sintonizar sua crença com seu desejo. Lembre-se sempre de que a fórmula para criar qualquer coisa é: *identifique seu desejo e consiga uma vibração que sintonize com ele.*

Quanto melhor se sente, melhor fica

Queremos que você compreenda uma coisa importante: a *Roda da Fortuna* não muda as coisas externas. Você ainda está gordo, você é obrigado a fazer coisas que acha desagradáveis, como a declaração do imposto de renda. Mas, com as afirmações sintonizadas com seu desejo, você mudou de lugar. Está num lugar de maior clareza, em que se lembra melhor das coisas e consegue organizá-las de forma a sentir conforto e bem-estar. Está de posse das suas próprias crenças, em vez de seguir as crenças dos outros. Alinhou sua Energia com seu desejo. Sua Mente Interna começa a alimentá-lo de maneira consistente, o que não acontecia antes.

No seu cotidiano, você é capaz tanto de convocar a Energia quanto de desviá-la, porque tem o hábito de praticar afirmações que não deixam que ela flua através de você. Mas, como o processo da *Roda da Fortuna* faz você parar e se concentrar por um período mais longo do que o normal num determinado desejo, procurando intencionalmente pensamentos que o façam se sentir bem e descartando os que lhe causam desconforto, seu ponto de atração realmente muda.

Aplicando esse processo simples mas poderoso aos diversos assuntos que vão surgindo em sua vida, é possível realmente aprimorar seu ponto de atração em relação a tudo o que é realmente importante para você.

Processo nº 18

Encontrar o Lugar dos Sentimentos

Use esse processo:

- Quando quiser melhorar uma situação.
- Quando quiser mais dinheiro.
- Quando quiser um emprego melhor.
- Quando quiser um relacionamento mais feliz.
- Quando quiser se sentir melhor fisicamente.

Escala de Valor de Referência Emocional atual

O processo de *Encontrar o Lugar dos Sentimentos* lhe trará mais benefícios quando seu *Valor de Referência Emocional* estiver entre:

(9) Pessimismo e

(17) Raiva

(Se não tiver certeza de qual é o seu *Valor de Referência Emocional* atual, volte ao capítulo 20 e examine as 22 categorias da *Escala de Orientação Emocional*.)

Como normalmente você dá muito mais atenção ao que está vivendo agora, qualquer coisa que esteja experimentando traz mais peso vibrátil do que você deseja ou imagina. Se quer ficar esbelto, por exemplo, mesmo estando muito acima do peso, a realidade que está vivendo *agora* provavelmente vai contar muito mais do que as vibrações das suas visualizações.

É frequente as pessoas dizerem: "Não estou feliz aqui. Gostaria de estar lá." Mas quando lhes perguntam o que desejam no outro lugar – no *lá* –, em geral explicam apenas o que há de errado *aqui*. Mesmo que fiquem repetindo "Quero estar *lá*", a vibração está mais ligada ao *aqui* onde se encontram do que ao lugar onde querem estar.

Assim como seria inútil colocar um adesivo de carinha feliz sobre o marcador de gasolina para não ver que o tanque está vazio, não há sentido em usar palavras felizes se você não *se sente* feliz. A *Lei da Atração* não responde às suas palavras, mas às vibrações que irradiam de você. É possível usar todas as palavras certas e ao mesmo tempo estar resistindo poderosamente ao seu Bem-Estar, porque as palavras não são importantes. O que importa é como você *se sente*.

O processo de *Encontrar o Lugar dos Sentimentos* vai ajudá-lo a perceber o que está realmente atraindo, isto é, se você está irradiando uma vibração positiva. É usar a imaginação para fazer de conta que seu desejo já aconteceu e que você está vivenciando os detalhes desse desejo.

Ao concentrar-se para verificar como se *sente* vivendo seu desejo, você não pode, ao mesmo tempo, *sentir a ausência* do desejo. Mesmo que seu desejo não tenha ainda se manifestado, você oferece uma vibração como se ele tivesse acontecido – e então ele *tem* de acontecer.

Lembre-se: o Universo sempre responde à vibração do que está sendo vivido ou imaginado, fazendo com que a manifestação aconteça.

Por exemplo, digamos que você recebe a segunda cobrança de uma conta vencida e se sente desconfortável e desanimado porque não sabe como vai pagar. "Quero ter mais dinheiro", diz. "Muito mais dinheiro", repete com ênfase. Mas você está oferecendo palavras vazias, sem qualquer impacto no seu ponto de atração, porque suas emoções indicam que suas palavras não são seu ponto de atração. No momento, você está pulsando com emoções claramente sintonizadas com seu estado de penúria.

Seu objetivo nesse processo é produzir imagens que o façam oferecer uma vibração que lhe *permita* ter dinheiro. É criar imagens que o façam *se sentir* bem. É descobrir o lugar dos sentimentos ligados a ter dinheiro, em vez de ficar no lugar dos sentimentos produzidos pela falta de dinheiro.

Lembre-se então de uma época em que teve mais dinheiro, ou de um tempo em que não tinha necessariamente mais dinheiro, mas em que não havia a pressão de tantas contas. Quando recuperar essa lembrança, tente lembrar a maior quantidade de detalhes possível para senti-la cada vez mais.

Pode fazer de conta que tem mais dinheiro do que precisa, que tem tanto dinheiro que não sabe onde guardar e imaginar que há toneladas de dinheiro debaixo da sua cama. Veja-se indo ao banco para fazer uma polpuda retirada e voltando para casa com uma sacola cheia de notas de 50 reais, com uma deliciosa sensação de fartura.

Faça de conta que você tem um cartão de crédito sem limite, que o usa várias vezes por dia e que no fim do mês, sem qualquer problema, faz um cheque para pagar as despesas. Finja que os dividendos de seus investimentos no banco são suficientes para cobrir todas as despesas do cartão.

Quanto mais usar o processo de *Encontrar o Lugar dos Sentimentos*, o jogo vai se tornar mais divertido. Quando você faz de conta ou se lembra de algo positivo, ativa novas vibrações – e seu ponto de atração muda. Quando ele muda, sua vida melhora em relação a todos os assuntos para os quais você achou um novo *lugar*.

Processo nº 19

Baixar a Resistência para Livrar-se das Dívidas

Use esse processo:

- Quando quiser sentir o alívio de não ter dívidas.
- Quando quiser criar maior folga entre o que ganha e o que gasta.
- Quando quiser se sentir melhor em relação a dinheiro.
- Quando quiser aumentar o fluxo de dinheiro na sua experiência.

Escala de Valor de Referência Emocional atual

O processo de *Baixar a Resistência para Livrar-se das Dívidas* lhe trará mais benefícios quando seu *Valor de Referência Emocional* estiver entre:

(10) Frustração/Irritação/Impaciência e

(22) Medo/Sofrimento/Depressão/Desespero/Impotência

(Se não tiver certeza de qual é seu *Valor de Referência Emocional* atual, volte ao capítulo 20 e examine as 22 categorias da *Escala de Orientação Emocional*.)

Para iniciar o processo de *Baixar a Resistência para Livrar-se das Dívidas* arrume um caderno com o número de colunas correspondente às suas despesas mensais. Começando pela coluna da esquerda, escreva um título que descreva sua maior despesa do mês. Por exemplo, se o maior cheque mensal é para pagar a prestação da casa, escreva: "Prestação da casa". Na linha abaixo, ponha o valor, que corresponde à quantia que você paga a cada mês, e na terceira linha, o saldo devedor.

Coloque na segunda coluna o segundo maior pagamento, o terceiro, na terceira coluna, e assim por diante. No alto da folha escreva: *Desejo manter minha promessa em relação a essas obrigações financeiras e, em alguns casos, pagarei até em dobro.*

Cada vez que houver uma despesa relativa aos outros itens (supermercado, conta de luz, telefone, etc.), pegue o caderno e registre.

Na hora de pagar o que está anotado na última coluna da direita (ou seja, o menor pagamento de cada mês), registre no caderno o dobro do valor. Escreva, então, o novo saldo restante.

Pode parecer estranho no início do jogo, mas mesmo que não tenha dinheiro suficiente para pagar tudo o que deve em todas as colunas, continue dobrando o pagamento da coluna da extrema direita. E fique contente por manter a promessa de fazer o possível para pagar tudo o que deve, mesmo pagando o dobro em alguns casos.

Como está encarando suas finanças de uma nova maneira, sua vibração vai começar a mudar imediatamente. Você sentirá um certo orgulho em cumprir sua palavra. Como está mantendo sua promessa de pagar em dobro, sua vibração vai mudar. Com essa mudança, mesmo pequena, a sua situação financeira começará a se alterar.

Se tiver paciência para realmente colocar tudo o que deve nas colunas do caderno, sua atenção, agora concentrada de modo diferente, vai começar a ativar positivamente as circunstâncias ligadas a dinheiro. Em vez de se sentir desencorajado ao receber outra conta, você vai estar ansioso para colocar o valor no caderno. Com essa mudança de atitude e vibração, a situação financeira vai começar a mudar.

Somas inesperadas aparecerão. Surgirão novos benefícios, e seu dinheiro vai render mais do que espera. Quando essas coisas ocorrerem, tome *consciência* de que isso se dá em resposta à sua atenção concentrada de maneira nova e à consequente mudança na sua vibração.

Aparecendo dinheiro extra, você ficará ansioso para fazer outro pagamento do item colocado na extrema direita. Logo o débito estará saldado e você poderá eliminar essa coluna do caderno. No caso de contas em que não faz sentido pagar em dobro, como a conta de luz ou a despesa do supermercado, pague a conta e poupe o valor equivalente. As colunas vão desaparecer uma a uma, à medida que entrar mais dinheiro do que sair. Você vai se sentir melhor em relação às suas finanças desde o primeiro dia do jogo. Se levá-lo a sério, sua vibração em relação a dinheiro vai mudar de tal forma que logo você estará livre de dívidas, se este é o seu desejo.

Não há nada de errado em dever, mas, se isso representa um fardo para você, sua vibração em relação a dinheiro será de resistência. Quando conseguir se livrar do fardo, quando se sentir mais leve e mais livre, sua resistência desaparecerá e você estará pronto para permitir que o Bem-Estar flua abundantemente na sua experiência.

Abraham, fale-nos mais sobre dinheiro e economia

Que tal criar uma corrente positiva de abundância financeira? Que tal visualizar tão bem que o dinheiro vai fluir facilmente através de você? Que tal gastar dinheiro e dar oportunidades a mais pessoas? A melhor maneira de gastar dinheiro é devolvê-lo à economia, gerando mais empregos. Quanto mais você gasta, mais as pessoas se beneficiam e mais pessoas entram no jogo com você.

Seu papel é utilizar a Energia. É para isso que você existe. Você é um Ser pelo qual a Energia flui, é um criador. Não há nada pior no Universo do que viver num ambiente onde, apesar de o desejo nascer facilmente, não se permite que a Energia flua para este desejo. É um verdadeiro desperdício.

Seu declínio financeiro não vai favorecer ninguém

Ficando pobre, você não faz ninguém prosperar. É apenas prosperando que você terá o que oferecer. Se quiser ajudar outras pessoas, envolva-se, sintonize-se, seja o mais atento possível.

O dinheiro não é a raiz da felicidade, mas também não é a raiz do mal. O dinheiro é o resultado da forma como alguém cria Energia. Se você não quer dinheiro, não o atrai. Mas nós dizemos que criticar quem tem dinheiro o coloca num lugar onde as coisas que você *realmente* deseja, como saúde, clareza e Bem-Estar, não chegam até você.

Se pensar em dinheiro o incomoda, isso significa que você tem um desejo forte em relação a ele. Seu trabalho, então, é achar um modo de se sentir bem ao pensar nele. Não é preciso pensar em dinheiro para que ele apareça. O que não pode é concentrar seu pensamento na *falta* de dinheiro.

Para ter sucesso, é importante sentir alegria

Gostamos de ver você se alegrando verdadeiramente e aplaudindo o sucesso de alguém, porque isso significa que você está a caminho do seu próprio sucesso. Muitos pensam que sucesso significa ter tudo o que se quer. O que afirmamos é que ter tudo e não desejar mais nada é uma espécie de morte. Sucesso não é ter uma coisa pronta. Sucesso é continuar sonhando e ter pensamentos positivos. *O padrão do sucesso não é o dinheiro ou as coisas acumuladas – o padrão do sucesso é a alegria que se sente.*

Quando falo dos bem-sucedidos, estou me referindo a pessoas realmente *felizes* – realmente alegres, plenamente dispostas a viver bem seu dia. Sucesso tem a ver com uma vida feliz, e uma vida feliz é apenas um colar feito de momentos felizes. Mas a maioria das pessoas não se permite ter *momentos* felizes, porque estão muito empenhadas em ter uma *vida* feliz.

Em vez de "ganhar" abundância, "permita" abundância

A abundância é uma resposta à sua vibração. Gostaríamos que você tirasse o verbo *ganhar* do seu vocabulário e da sua mente, substituindo-o por *permitir*. Queremos que *permita* seu Bem-Estar. Basta decidir o que deseja experimentar, permitir que isso venha e receber. Vocês todos são Seres merecedores, têm direito a este Bem-Estar.

Não há nada que você não possa ser, fazer ou ter. Vocês são todos Seres abençoados que vieram a este ambiente físico para criar. Nada os impede, a não ser seus pensamentos contraditórios. A vida deve ser alegre – deve fazer vocês se sentirem bem! Vocês são criadores poderosos e fazem parte de um plano.

Saboreie mais as pequenas alegrias, seja menos rígido. Ria mais, chore menos. Tenha sobretudo expectativas positivas. Nada é mais importante do que se sentir bem. Pratique isso e veja o que acontece.

Processo nº 20

Entregar ao Gerente

Use esse processo:

- Quando sentir que tem muito a fazer.
- Quando quiser mais tempo para fazer mais coisas de que gosta.
- Quando quiser tornar-se o criador positivo que você nasceu para ser.

Escala de Valor de Referência Emocional atual

O processo de *Entregar ao Gerente* lhe trará mais benefícios quando seu *Valor de Referência Emocional* estiver entre:

(10) Frustração/Irritação/Impaciência e

(17) Raiva

(Se não tiver certeza de qual é seu *Valor de Referência Emocional* atual, volte ao capítulo 20 e examine as 22 categorias da *Escala de Orientação Emocional*.)

Imagine-se dono de uma grande empresa, com milhares de empregados. Há pessoas que ajudam na produção e na venda dos produtos, há contadores, consultores, artistas, publicitários – milhares de pessoas, todas trabalhando para o sucesso da empresa.

Agora, imagine que há um gerente que trabalha diretamente com os empregados, que os compreende, aconselha e dirige. Quando você tem alguma ideia, fala com o gerente, que diz: "Vou providenciar agora mesmo." E o faz de maneira eficiente.

Você pode estar pensando: "Gostaria de ter um gerente assim, com quem pudesse contar, que cuidasse de meus interesses." E nós afirmamos que *você tem um gerente que faz isso e muito mais. Tem um gerente que trabalha o tempo todo defendendo seus interesses. Ele se chama* Lei da Atração. *Basta você pedir.*

Mas a maioria de vocês não se dá conta disso. Apesar de terem o gerente, pensam assim: "Ah, sim, a *Lei da Atração* está aí, mas cabe a mim fazer todo o trabalho." E nós argumentamos: *Bem, então, de que adianta a* Lei da Atração? Seria como ter um gerente a quem você pagasse um ótimo salário e que, ao lhe perguntar "O que quer de mim?", ouvisse: "Nada, apenas fico feliz em pagar para você ter esse título." E enquanto o gerente descansa, você está na correria, cuidando de tudo, passando horas na frente do computador... Você ali, anônimo, exausto, enquanto seu gerente passeia na praia...

É claro que você não aceitaria isso! Você faria o gerente trabalhar, delegaria poderes, exigindo e esperando resultados. É assim que você deve tratar a *Lei da Atração*. Ao delegar, só precisa fazer as duas únicas coisas exigidas na *Criação Intencional*: identificar seu objeto de desejo e *permitir* que o Universo o conceda a você.

Entrar na vibração de permissão é confiar que o Gerente Universal vai fazer o trabalho, é acreditar que ele vai lhe avisar quando for necessário que você tome uma providência. Em outras palavras, quando for preciso tomar uma decisão, você terá consciência disso.

Você não está *delegando* sua vida – está *criando* sua vida. Há ainda muitas coisas que você vai querer fazer, e não temos a menor intenção de impedir a sua ação. Agir é divertido. Não há nada mais delicioso em todo o Universo do que ter um desejo com o qual você esteja sintonizado vibratilmente e sendo inspirado a desenvolver uma determinada ação. Esta é a extensão máxima do *Processo de Criação – não há ação em todo o Universo mais deliciosa do que a ação inspirada.*

Processo nº 21

Recuperar Seu Estado Natural de Saúde

Use esse processo:

- Quando não se sentir bem.
- Quando receber um diagnóstico perturbador.
- Quando estiver sentindo dor.
- Quando quiser sentir mais vitalidade.
- Quando sentir um vago medo em relação ao seu corpo.

Escala de Valor de Referência Emocional atual

O processo de *Recuperar Seu Estado Natural de Saúde* lhe trará mais benefícios quando seu *Valor de Referência Emocional* estiver entre:

(10) Frustração/Irritação/Impaciência e

(22) Medo/Sofrimento/Depressão/Desespero/Impotência

(Se não tiver certeza de qual é seu *Valor de Referência Emocional* atual, volte ao capítulo 20 e examine as 22 categorias da *Escala de Orientação Emocional*.)

Deite-se confortavelmente para praticar esse processo – quanto mais confortável, melhor. Disponha de cerca de 15 minutos sem ser perturbado.

Copie a lista abaixo e, ao deitar, leia-a vagarosamente:

- *É natural para o meu corpo estar bem.*
- *Mesmo que eu não saiba o que fazer para melhorar, meu corpo sabe.*
- *Tenho trilhões de células com consciência individual, e elas sabem como alcançar seu equilíbrio.*
- *Quando este problema começou, eu não sabia o que sei agora.*
- *Se soubesse na época o que sei agora, o problema não teria começado.*
- *Não preciso entender a causa desta doença.*
- *Não preciso explicar como estou experimentando esta doença.*
- *Eu apenas tenho de, com o tempo, calmamente me livrar desta doença.*
- *Não importa como começou, porque ela está mudando de rumo neste exato momento.*
- *É natural que meu corpo leve algum tempo para se alinhar com meus pensamentos de Bem-Estar.*
- *Não há nenhuma pressa.*
- *Meu corpo sabe o que fazer.*
- *O Bem-Estar é um estado natural para mim.*
- *Meu Ser Interior é essencialmente consciente do meu corpo físico.*
- *Minhas células estão pedindo o que precisam para se desenvolver e a Fonte de Energia está respondendo a este pedido.*
- *Estou em muito boas mãos.*
- *Agora vou relaxar para permitir a comunicação entre meu corpo e minha Fonte.*
- *Meu único trabalho é relaxar e respirar.*
- *Sou capaz de fazer isso.*
- *Sou capaz de fazer isso facilmente.*

Agora, apenas fique deitado, aproveitando o conforto do colchão. Concentre-se na sua respiração, inspirando e expirando, inspirando e expirando. Seu objetivo é estar o mais confortável possível.

Respire o mais profundamente que puder, sempre mantendo-se confortável. Não faça nada além de relaxar e respirar.

Provavelmente você vai começar a ter no corpo sensações suaves e delicadas. Sorria e saiba que isso é a Energia Essencial respondendo aos pedidos de suas células. Você está sentindo o processo curativo. Não faça nada para tentar ajudá-lo ou intensificá-lo. Apenas relaxe e respire – permita que aconteça.

Se sentir dor enquanto estiver deitado, acrescente as seguintes palavras à sua lista falada e escrita:

- A sensação de dor indica que a Fonte está respondendo ao pedido de minhas células.
- A sensação de dor é um maravilhoso indicador de que a ajuda está a caminho.
- Vou relaxar, apesar da dor, porque entendo que ela indica melhora.

Agora, se puder, adormeça. Sorria por saber que tudo está bem. Respire, relaxe – e confie.

Abraham, fale-nos mais sobre nosso corpo físico

Na próxima vez em que sentir qualquer desconforto, diga: "Estou sentindo este desconforto porque estou tomando consciência da minha resistência. É hora de relaxar e respirar, relaxar e respirar, relaxar e respirar." Em segundos você poderá voltar a se sentir confortável.

Cada célula do seu corpo tem uma relação direta com a Força Vital Criativa e responde a ela de modo independente. Quando você sente alegria, todos os circuitos estão abertos, e a Força Vital pode ser plenamente recebida. Quando tem sentimentos de reprovação, culpa, medo ou raiva, os circuitos ficam impedidos, e a Força Vital não flui tão bem. Suas células sabem o que fazer; elas estão convocando a Energia.

Não há doença que você não possa transformar, como não há pintura que não possa ser refeita. Há muitos pensamentos limitantes no ambiente humano, e eles produzem crenças que dão a impressão de que as chamadas doenças incuráveis não podem se alterar. Mas vocês as chamam de "incuráveis" porque acreditam que elas, de fato, não tenham cura. Alguém recentemente nos perguntou: "Há algum limite para a capacidade de cura do corpo?" E nós respondemos: *Nenhum, apenas a sua crença.*

E os bebês doentes?

A pergunta que surge com frequência é: "E os bebês doentes?" Dizemos que foram expostos a uma vibração, mesmo no útero, que fez com que rejeitassem o Bem-Estar. Se depois do nascimento pudessem ser estimulados a um pensamento que permitisse seu Bem-Estar, seu corpo poderia ser regenerado.

É natural estar totalmente bem. É natural ter abundância. É natural sentir-se saudável. É natural ter o pensamento claro. Não é natural estar confuso, não ter o bastante, sentir falta de alguma coisa, ou sentir culpa. Não são situações naturais para quem você *realmente* é. Mas, para os padrões humanos, parece natural que a maioria tenha escolhido os estados negativos ao longo da viagem física.

Quando houver no seu corpo qualquer desconforto, quer você o chame de dor física ou emocional, isso *sempre* significa a mesma coisa: "Tenho um desejo que está convocando a Energia, mas tenho uma crença que não está permitindo seu acesso, por isso criei uma resistência no meu corpo." A solução para se libertar do desconforto ou da dor é sempre o relaxamento e a procura de alívio.

As pessoas nos perguntam: "Se não há fonte de doença, por que há tantas pessoas doentes?" É porque encontraram muitas desculpas para se manter em desacordo vibrátil com a saúde. Não permitem que ela se instale. Como não deixam o Bem-Estar entrar, a ausência dele parece doença. E, quando muitos fazem isso, vocês acreditam: "Deve haver uma fonte de doença. Vamos dar um nome a ela. Vamos chamar de câncer. Vamos dar nome a todas as coisas terríveis e entender que elas surgem na experiência das pessoas." Pois nós afirmamos que elas nunca surgem assim. As pessoas é que aprendem, na convivência com as outras, padrões de pensamento que impedem a entrada do Bem-Estar.

Ao não permitir a entrada do Bem-Estar, aparecem as doenças do corpo e a privação do que se quer. Com o tempo, você acaba acreditando que essa é uma realidade cuja fonte se encontra em algum lugar externo. E desenvolve poderosos mecanismos de defesa para se proteger da "fonte maligna" que, na verdade, nunca existiu.

Se recebeu um diagnóstico assustador

Se você recebeu um diagnóstico diferente do que gostaria de ouvir, a tendência é dizer: "Ah, meu Deus! Como pude me afastar do que queria tanto?" Não se preocupe, não é um problema muito sério. Você pode escolher um pensamento que lhe faz bem, ou um outro que não lhe faz tanto bem. Mas desenvolve a tendência de escolher o que lhe faz mal. Essa dose diária de fechamento impede sua capacidade receptiva. É apenas isso! Aproveite para ter uma percepção mais clara sobre o seu desejo – e, principalmente, maior sensibilidade para perceber se está ou não receptivo a ele.

A saúde que está sendo permitida ou negada tem a ver com o pensamento, o humor e a atitude. *Tratar do corpo realmente tem a ver com tratar da mente. Tudo é psicossomático. Sem exceção.*

Não há nada que não possa ser reorientado para o Bem-Estar. Mas é preciso ter a determinação de direcionar os pensamentos para algo que faça você se sentir bem. Aqui vamos fazer uma afirmação importante: *Qualquer doença poderia ser curada em poucos dias – qualquer doença – se, em vez de concentrar-se nela, a pessoa deixasse outra vibração dominar. O tempo de cura depende da confu-*

são de seus pensamentos e do seu estado emocional, porque qualquer doença do corpo físico leva muito mais tempo para se instalar do que você leva para se livrar dela.

A doença é uma extensão da emoção negativa

A dor física é apenas uma extensão da emoção. Tudo é a mesma coisa: há duas emoções – a que o faz se sentir bem e a que o faz se sentir mal. Isso significa que ou você está conectado com sua Corrente de Energia ou *não a está permitindo.*

Você precisa ter pensamentos positivos a respeito do seu corpo para ficar do jeito que quer? Não. Mas não pode ter pensamentos negativos. Se fosse capaz de nunca mais pensar no seu corpo, e em vez disso tivesse apenas pensamentos agradáveis a respeito do resto, seu corpo certamente se beneficiaria.

Aqui vai uma regra básica que o ajudará: se acredita que alguma coisa é boa, e a faz, isso o beneficia. Se acredita que uma coisa é ruim, e a faz, a experiência é prejudicial. Não há nada pior para você do que fazer algo que acredita ser inapropriado. Então, tenha cuidado com suas escolhas, porque são elas que mais afetam a sua vibração.

Decida o que quer, concentre ali sua atenção e abra-se para receber a resposta. Não há razão para sofrer ou lutar por nada.

Processo nº 22

Subir na Escala Emocional

Use esse processo:

- Quando se sentir mal e tiver dificuldade em melhorar.
- Quando acontecer a você ou a alguém próximo algo que o abalar (perder alguém, ser abandonado, ter o cachorro atropelado, etc.).
- Quando for necessário lidar com uma crise.
- Quando receber um diagnóstico assustador.
- Quando alguém que ama receber um diagnóstico assustador.
- Quando seu filho ou alguém muito próximo passar por um trauma ou uma crise.

Escala de Valor de Referência Emocional atual

O processo de *Subir na Escala Emocional* lhe trará mais benefícios quando seu *Valor de Referência Emocional* estiver entre:

(17) Raiva e

(22) Medo/Sofrimento/Depressão/Desespero/Impotência

(Se não tiver certeza de qual é seu *Valor de Referência Emocional* atual, volte ao capítulo 20 e examine as 22 categorias da *Escala de Orientação Emocional*.)

Sua experiência de vida o ajudou a identificar suas preferências e desejos, grandes ou pequenos. Expressando-os, em voz alta ou não, a Fonte ouviu cada um deles e respondeu. E o gerente, chamado *Lei da Atração*, alinhou situações, fatos, outras pessoas e outras coisas para realizar seus desejos. Em outras palavras, você pediu e foi atendido – mas, como já sabe, é preciso deixá-lo entrar.

Lembre-se de que não há Fonte Não Física de escuridão, doença, confusão ou mal. Há apenas a Corrente de Bem-Estar que flui o tempo todo na sua direção. A menos que ofereça algum tipo de resistência, você é pleno receptor da corrente, e suas emoções vão ajudá-lo a entender a que ponto você está permitindo que ela flua, ou resistindo a ela. Quanto melhor se sentir, menos está resistindo; quanto pior, mais resistência está oferecendo.

O processo de *Subir na Escala Emocional* vai ajudá-lo a baixar sua resistência e assim aprimorar seu estado de *permissão* – qualquer sentimento de alívio indicará que você está se libertando da resistência.

Volte ao capítulo 20 (p. 105) para examinar a lista que vai das emoções que exprimem menor resistência para as que exprimem maior resistência. As emoções cujas vibrações são parecidas se encontram na mesma linha. Você vai ver que as que mais permitem sua Energia Essencial estão na linha que fala de *Alegria, Amor* e *Liberdade*, e entre as que mais impedem a Energia estão *Depressão* e *Medo*.

Achar a palavra perfeita para descrever seu sentimento não é essencial nesse processo. O importante é sentir a emoção e sobretudo descobrir meios de aprimorar o sentimento. Em outras palavras, este processo tem por objetivo apenas descobrir pensamentos que lhe tragam um sentimento de alívio.

Como aplicar este poderoso processo:

Quando tiver consciência de que está tendo uma forte emoção negativa, tente identificá-la. Leve tempo examinando o que o está incomodando até saber exatamente o que sente.

Considerando os dois extremos da escala emocional, pergunte-se: *Eu me sinto poderoso ou impotente?* Embora possa não estar experimentando exatamente uma dessas emoções, será capaz de dizer para que lado seu estado emocional tende no momento. Neste exemplo, se sua resposta é impotente, volte a perguntar-se: *O que sinto está mais para impotência ou frustração?* Mais para impotência. *Está mais para impotência ou preocupação?* Continuando (não há certo ou errado aqui), finalmente você poderá ver com maior clareza o que sente a respeito da situação.

Ao descobrir em que lugar se encontra na escala emocional, sua tarefa consiste em tentar achar pensamentos que lhe deem algum alívio da emoção que sente. O melhor é falar em voz alta ou escrever os pensamentos. Fazendo afirmações com a intenção deliberada de induzir uma emoção que lhe proporcione algum alívio, você vai começar a diminuir a resistência e poderá subir na escala emocional para um lugar onde se sinta melhor. Lembre-se de que um sentimento aprimorado significa menos resistência, que por sua vez significa um maior estado de *permissão* para receber o que você realmente deseja.

Por exemplo, uma mulher estava num estado de tremenda resistência e dor por causa da morte do pai. Embora a morte dele fosse esperada, quando aconteceu ela entrou em profunda *depressão*. Sentia-se *impotente* e *sofrendo intensamente* porque estava concentrada na morte do pai.

Apesar de ter estado sempre presente ao lado do pai doente, ele entrara em coma durante uma das raras ausências da filha. Quando pensava que não estivera por perto para ter uma última conversa, fortes sentimentos de culpa a invadiam. Muito aos poucos ela foi reconhecendo uma pequena melhora no sentimento de *culpa*, o que foi uma importante transição vibrátil. Então seus pensamentos produziram uma grande *raiva* concentrada na enfermeira que ministrara ao seu pai uma dose extra de medicamento para lhe dar mais conforto. *Reprovou* a enfermeira, responsabilizando-a por tê-la privado de uma última conversa.

A mulher não percebeu na hora, mas os sentimentos de *culpa*, *raiva* e *reprovação* já eram um aprimoramento do estado de resistência *vibrátil do intenso sofrimento.* Ela se sentiu melhor ao reprovar, muito melhor mesmo. Pelo menos conseguia dormir e respirar mais livremente.

É sempre melhor atingir intencionalmente um estado emocional aprimorado. Mas, mesmo quando as emoções aprimoradas são atingidas de modo inconsciente, *cada melhora dá a você acesso a algo ainda melhor.*

Tendo alcançado o alívio que a raiva e a reprovação podem oferecer às sufocantes emoções de impotência e sofrimento, você se torna capaz de subir mais rapidamente na escala emocional. Embora possa levar um dia ou dois para ir do nível emocional de *sofrimento* (22) para o de *culpa* (21), para o de *vingança* (18), de *raiva* (17), de *reprovação* (15), você pode conseguir sua conexão com sua Fonte e com seu sentimento de autoconfiança (1) num tempo menor do que imagina.

Aqui estão exemplos de afirmações conscientes que essa mulher pode ter feito para ir aprimorando a maneira como se sentia:

Fiz tudo o que podia para ajudar meu pai, mas não bastou. (sofrimento)
Sinto muito a falta dele. Não aceito que tenha morrido. (desespero)
Não devia ter ido em casa buscar roupa. (culpa)
Estive lá noite e dia, noite e dia, e não consegui me despedir. (raiva)
A enfermeira sabia bem o que estava acontecendo. (raiva)
Acho que ela sabia mas não quis que eu estivesse lá. (raiva)
Ela deu um excesso de medicamento só para facilitar a vida dela. (reprovação)
Eu gostaria de poder ter me despedido. (desapontamento)
Há muitas coisas a resolver e não sinto vontade de me mexer. (desânimo)
Os profissionais de saúde são insensíveis às famílias das pessoas doentes e das que morrem. (frustração)
Vai ser bom passar mais tempo com minha família. (esperança)
Começo a me sentir bem com a ideia de voltar ao trabalho. (expectativa positiva)

Sei que, com o tempo, vou me sentir melhor. (expectativa positiva)
Há tantas coisas que quero fazer. (expectativa positiva)
Gosto tanto de meu marido. Ele me ajudou muito. (admiração)
Admiro minhas irmãs. Amamos nossos pais e nos amamos. (admiração/amor)
Pensando bem, tivemos e estamos tendo vidas maravilhosas. (admiração/amor)
A morte faz parte da vida. (conhecimento)
Como somos Seres Eternos, na verdade não existe "morte". (conhecimento)
Papai está num lugar onde não existe tristeza. (conhecimento)
Gosto de saber que ele está num lugar de grande alegria e paz. (alegria)
Gosto de saber que a vida tem uma força que supera tudo. (alegria)
Foi um privilégio ter tido esse homem maravilhoso como pai. (alegria)

Lembre que você não tem acesso imediato às emoções distantes do lugar onde você está vibrando no momento. Embora possa passar um dia inteiro mergulhado em determinada emoção, no dia seguinte tente progredir na escala, mesmo que seja um pouco.

Se sua emoção negativa é leve ou recente, você poderá ascender rapidamente na escala emocional. Se for séria, ou algo que você vem vivendo há anos, é possível que leve 22 dias ou mais para subir na escala, escolhendo intencionalmente a cada dia a emoção acima da que está sentindo. Mas mesmo que sejam mais do que 22 dias para sair da *Impotência* e chegar à *Autoconfiança*, não é muito se comparado com pessoas que passam anos – ou a vida toda – em estado de *Sofrimento*, *Insegurança* ou *Impotência*.

Agora que você entendeu que seu objetivo é chegar a uma emoção que o faça se sentir melhor, nossa expectativa é que esse processo o liberte das emoções negativas que vem sentindo há anos e que trazem problemas. À medida que, suave e gradualmente, você baixar a resistência que acumulou sem saber, vai começar a experimentar melhoras em todas as áreas problemáticas de sua vida.

Queremos dizer-lhes uma última coisa

Tranquilizem-se em relação a tudo isso. Não levem as coisas tão a sério. A vida deve ser divertida.

Quando os observamos enquanto criam suas vidas, sentimos amor por vocês e admiração pelo que são. Vocês são seres criadores, sempre capazes de expressar seus próprios desejos e de investir para mudar seus pensamentos e emoções, abrindo-se para permitir a recepção da resposta que a Energia Universal sempre dá. Dessa forma, vocês constroem suas vidas e expandem o Universo.

De fato, não há palavras adequadas para explicar o valor do que vocês são.

Desejamos sinceramente que voltem a ter amor pela vida, pelas pessoas do seu mundo e, principalmente, por si mesmos.

Há um grande amor aqui para vocês.

Abram-se para recebê-lo.

CONHEÇA OUTRO LIVRO DA EDITORA SEXTANTE

O Segredo
Rhonda Byrne

Você tem em suas mãos um Grande Segredo...

Ao longo dos séculos, os fragmentos de um Grande Segredo estiveram presentes nas tradições orais, na literatura, nas religiões e nas correntes filosóficas da humanidade. Agora, pela primeira vez, todas as peças do Segredo foram reunidas em uma revelação extraordinária, capaz de transformar a vida de todos os que a vivenciarem.

Nesse livro, você aprenderá a utilizar O Segredo em todos os elementos da sua vida – dinheiro, saúde, relacionamentos, felicidade – e em cada uma de suas interações com o mundo. Começará a entender o poder oculto que existe dentro de você, e esta revelação trará alegria para cada aspecto da sua vida.

O Segredo contém a sabedoria de mestres da atualidade – homens e mulheres que o utilizaram para alcançar saúde, riqueza e felicidade. Suas histórias revelam como, ao aplicarem o conhecimento do Segredo, eles venceram doenças, obtiveram grande riqueza, superaram obstáculos e alcançaram o que muitos considerariam impossível.

CONHEÇA ALGUNS DESTAQUES DE NOSSO CATÁLOGO

- Augusto Cury: Você é insubstituível (2,8 milhões de livros vendidos), Nunca desista de seus sonhos (2,7 milhões de livros vendidos) e O médico da emoção
- Dale Carnegie: Como fazer amigos e influenciar pessoas (16 milhões de livros vendidos) e Como evitar preocupações e começar a viver
- Brené Brown: A coragem de ser imperfeito – Como aceitar a própria vulnerabilidade e vencer a vergonha (600 mil livros vendidos)
- T. Harv Eker: Os segredos da mente milionária (2 milhões de livros vendidos)
- Gustavo Cerbasi: Casais inteligentes enriquecem juntos (1,2 milhão de livros vendidos) e Como organizar sua vida financeira
- Greg McKeown: Essencialismo – A disciplinada busca por menos (400 mil livros vendidos) e Sem esforço – Torne mais fácil o que é mais importante
- Haemin Sunim: As coisas que você só vê quando desacelera (450 mil livros vendidos) e Amor pelas coisas imperfeitas
- Ana Claudia Quintana Arantes: A morte é um dia que vale a pena viver (400 mil livros vendidos) e Pra vida toda valer a pena viver
- Ichiro Kishimi e Fumitake Koga: A coragem de não agradar – Como se libertar da opinião dos outros (200 mil livros vendidos)
- Simon Sinek: Comece pelo porquê (200 mil livros vendidos) e O jogo infinito
- Robert B. Cialdini: As armas da persuasão (350 mil livros vendidos)
- Eckhart Tolle: O poder do agora (1,2 milhão de livros vendidos)
- Edith Eva Eger: A bailarina de Auschwitz (600 mil livros vendidos)
- Cristina Núñez Pereira e Rafael R. Valcárcel: Emocionário – Um guia lúdico para lidar com as emoções (800 mil livros vendidos)
- Nizan Guanaes e Arthur Guerra: Você aguenta ser feliz? – Como cuidar da saúde mental e física para ter qualidade de vida
- Suhas Kshirsagar: Mude seus horários, mude sua vida – Como usar o relógio biológico para perder peso, reduzir o estresse e ter mais saúde e energia

sextante.com.br